HOTEL-RESTAURANT DU CHAPON FIN

Grand Jardin d'Eté et d'Hiver

3-5-7 — Rue Montesquieu — 3-5-7

BORDEAUX

BORDEAUX

NOUVEAU

GUIDE DES ÉTRANGERS

CONTENANT

**Monuments, — Musées, — Curiosités, etc.,
Promenades, — Principaux Cours et Quais, —
Principales Rues et Places, —
Consulats, — Postes, — Télégraphes, —
Lignes de Paquebots, — Théâtres, — Voitures, —
Maisons de Commerce.**

LES EXCURSIONS

par le Propriétaire de l'Hôtel

1877

Bordeaux

Bordeaux. Grande, ancienne et belle ville maritime, sur la rive gauche de la Garonne, autrefois la capitale de la Guienne et du Bordelais, et aujourd'hui le chef-lieu du département de la Gironde, communique avec la Méditerranée par le canal du Languedoc.

Bordeaux, l'une des plus riches cités de France, a un développement considérable et présente un aspect imposant. Il est éloigné de Paris de 561 kilomètres qu'on franchit en dix heures par le train express. Sa population est de 194,055 habitants.

Commerce principal : Les meilleurs vins du monde proviennent des grands crûs bordelais ; les produits vinicoles de ce terroir jouissent d'une réputation universelle ; Bordeaux a de nombreuses distilleries d'eaux-de-vie ; des fabriques de cordages, de conserves alimentaires, de produits chimiques, de chapeaux, d'essence de térébenthine, de résine et de goudron ; des hauts fourneaux pour la fonte des fers, des raffineries, des fabriques de plomb, des tanneries, des fabriques de poterie, de faïence, verreries, des filatures de coton, etc.; on n'y compte pas moins de vingt chantiers de construction qui occupent 4000 ouvriers et d'où il sort, en moyenne, de 40 à 50 navires par an.

Le vaste et joli port peut contenir plus de 1,500 navires de tous tonnages.

Un très grand nombre de paquebots à vapeur y effectuent leurs départs pour tous les points du globe et plusieurs bateaux à vapeur font le service quotidien de la navigation fluviale qui offre aux étrangers des excursions vraiment charmantes, en amont, jusqu'à Langon et La Réole ; en aval, jusqu'à Blaye, Pauillac et Royan. Il est impossible de rencontrer des rives et des sites plus gais et plus animés que ceux de la Gironde et de la Garonne.

Monuments, Musées, Curiosités, etc.

La Préfecture, *cours du Chapeau-Rouge*, a été bâtie en 1775 par l'architecte Louis pour M. Sarge, avocat général au Parlement.

L'Hôtel de Ville, *place de l'Hôtel-de-Ville*. Ce vaste bâtiment servait autrefois de palais aux archevêques de Bordeaux; l'Hôtel de Ville y fut installé en 1830. Il avait été construit sous Mgr de Rohan, de 1770 à 1781, par les architectes Bonfin et Étienne. C'est là que siégea le tribunal révolutionnaire en 1791.

Le Palais-Gallien, *Petite rue du Colisée*. C'est une arène, de forme elliptique, entourée de six enceintes; elle pouvait contenir 2,500 spectateurs. On y a trouvé des médailles à l'effigie de Gallien, ce qui semblerait indiquer que ce palais a été réellement construit sous le règne de cet empereur. Des portiques en ruines existent encore. On peut le visiter.

Le Pont de Bordeaux, *près la Porte de Bourgogne,* conduit à la Bastide. Il fût commencé en 1810; Napoléon 1er en ordonna la construction en 1808, et la circulation n'y eut lieu qu'en 1821; sa longueur, entre les culées, est de 486 mètres 68 centimètres; il a dix arches en briques et pierres de taille, les sept arches du milieu ont 26 mètres 49 centimètres. Les autres vont en diminuant jusqu'à 20 mètres 84 centimètres. Il y a deux pavillons décorés de portiques aux extrémités. Les galeries de l'intérieur communiquent entre elles, d'une extrémité à l'autre. On peut les visiter en s'adressant au gardien du côté de la Bastide. De ce pont, on découvre un admirable panorama et des rives couvertes d'un grand nombre de navires, dont les mâts sont enchevêtrés les uns dans les autres; aucune ville maritime n'offre un spectacle aussi grandiose; il y règne un mouvement dont il est impossible de se faire une idée.

La Porte de Bourgogne s'élève en face du pont de Bordeaux; la construction en fut commencée en 1751 et achevée en 1755.

La Porte de l'Hotel de Ville (Grosse-Cloche), *rue St-James,* à côté de l'Eglise Saint-Eloi, près du cours des Fossés, est l'une des quatre tours qui

4

étaient placées aux angles de l'ancien Hôtel de Ville (1246) ; elle a deux tourelles ; au milieu est placée une lanterne surmontée d'un lion. Sa base, plus ancienne, date du douzième siècle ; on y remarque une horloge avec un cadran qui indique les heures, la date du mois, les jours de la semaine et les phases de la lune ; elle est classée parmi les monuments historiques.

LA PORTE DU PALAIS, *quai Bourgogne*, connue aussi sous le nom de Porte Royale, date de 1495 ; elle a servi de résidence aux ducs d'Aquitaine et aux sénéchaux d'Angleterre. Louis XI y établit le Parlement ; elle fait aussi partie des monuments historiques.

LA PORTE D'AQUITAINE, *rue Sainte-Catherine*, dite aussi *Porte Saint-Julien*, fut bâtie en 1754. En 1814, elle servit d'arc de triomphe aux Bourbons rentrant en France.

LA PORTE DES CAPUCINS, place des |Capucins, nommée aussi *Porte Neuve*, est la première que fit construire M. de Tourny, en 1744.

LA PORTE DIJEAUX, *rue Porte Dijeaux.*

LA PORTE DE LA MONNAIE, *quai de la Monnaie.*

LE MUSÉE DE PEINTURE, au Jardin Public. — Notre cadre restreint ne nous permet de citer ici que es toiles suivantes, qui sont les plus remarquables :

8. — *Nymphe endormie*, par Allegri, dit le Corréze.
10. — *St J.-Baptiste dans le désert*, par Amerighi (Michel-Ange.)
41. — *Un Berger et une Bergère*, par François Boucher
69. — *Paysage*, par Cabat.
97. — *Embuscade de voleurs*, par Cerquozzi (Michel-Ange.)

103. — *Tintoret peignant sa fille morte*, par Léon Cogniet
106. — *Paysage*, par Corot.
116 (bis). — *Le cours de l'Oise*, par Daubigny.
118. — *Un lion*, par Eugène Delacroix.
126. — *Enlèvement de Ganymède*, par Diepenbeck.
138. — *Paysage*, par Du Jardin.
175. — *Bacchus et l'Amour ivres*, par Gérome.
238. — *Hébé*, par Lebrun (Mme Louise Vigée).
241. — *Uranie*, par Lesueur.
249. — *Portrait de Mme du Chatelet*, par Loir.
252. — *Portrait du duc de Duras*, par Lonsing.
257. 258. — *Paysages*, par Lutherburg.
261. — *Portrait d'homme,* ⎫
262. — *Portrait de femme,* ⎬ par Maès.
283. — *Portrait de Louis XIV*, par Mignard.
298. — *Paysage*, par Moucheron.
299. — *Portrait d'un peintre*, par Moya.
301. — *Un philosophe*, par Murillo.
310. — *Berger en repos*, par Pallière.
313. — *Sainte famille*, par Palma.
327. — *Une tranchée devant Sébastopol*, par **Pils.**
353. — *Assemblée de religieux*, par Ribera.
361. — *L'amour jaloux de la fidélité*, par Ricci.
373. — *Valentine et Raoul*, par Roqueplan.
385. — *Martyre de St-Just*, par Rubens.
394. — *Sainte famille*, par Sabbatino.
405. — *Le lion devenu vieux,* ⎫
406. — *Chasse aux renards,* ⎬ par Sneyders.
427. — *Danse villageoise*, par Teniers (David).
439. — *Adieux d'Hector et d'Andromaque*, par **Trezel.**
457. — *Portrait de Marie de Médicis*, par Van **Dyck.**
474. — *Sainte Famille*, par Vannucchi (André).
485. — *Sainte Famille*, par Vasari.
495. — *Marine*, par Vernet.
501. — *Paysage*, par Warterloo.
518. — *Bords de l'Amstel* (Hollande), par **Ziem.**
552. — *Le Danté*, par J. Alaux, de Bordeaux.

570. — *Le Christ en Croix*, par Palmégiano.
592. — *Miroir des Bois*, par Antigna.
593. — *Paysage*, par Auguin (L. A.)
594. — *Paysage*, par Baudit.
595. — *Les cuirassiers de Waterloo*, par Bellangé.
597. — *Tête de Bouc*, par Mlle Rosa Bonheur.
599. — *Une Bacchante*, par Bouguereau.
604. — *Paysage*, par Chabry (Léonce).
606. — *La fontaine des amours*, par Colin.
611. — *Paysage avec architecture*, par Dauzats.
614. — *Paysage*, par Diaz de la Péña.
617. — *Le jugement des eaux de Valence*, par Ferrandiz.
619. — *Ribera exposant ses tableaux*, par Gilbert (Antoine).
621. — *Bethsabée au bain*, par Grebber.
627. — *Vue d'une partie du port de Bordeaux*, par Lacour.
631. — *La récolte des œillettes*, par Laugée.
647. — *Le réveil*, par Schenck.
649. — *Jugement de Jeanne d'Arc*, par Serres.
651. — *Narcisse*, par Vibert.
652. — *Giotto chez Cimabue*, par Zéigler.

Le Musée est ouvert tous les jours de dix à quatre heures.

Le *Musée d'histoire naturelle*, au Jardin-Public, ouvert de dix à quatre heures.

Le *Musée d'armes*, rue Jean-Jacques-Bel, visible de dix à quatre heures.

Le *Musée Lapidaire*, rue Vital-Carles, ouvert de neuf heures à quatre heures.

La *Bibliothèque*, rue Jean-Jacques-Bel, n° 2, est placée dans un hôtel qui fut légué, vers le milieu du siècle dernier, par Jean-Jacques-Bel, conseiller au Parlement de Bordeaux, à l'Académie dont il était un des membres. Il donna aussi sa magnifique bibliothèque, qui s'est accrue dans des proportions considérables, lors de l'abolition des couvents en

1790. Elle compte aujourd'hui plus de 160,000 volumes, 1,500 manuscrits et une collection assez curieuse d'autographes. Elle possède un trésor inestimable, connu sous le nom de *manuscrit Montaigne*. Le bibliothécaire est M. H. Messier, ancien professeur des classes supérieures de l'Université ; ce savant écrivain est l'un des principaux rédacteurs du Moniteur des Bibliophiles. — Ouverte tous les jours de onze à quatre heures, excepté le samedi.

L'*Académie de Bordeaux*, 67, rue de la Trésorerie, comprend les départements de la Gironde, de la Dordogne, des Landes, des Basses-Pyrénées et de Lot-et-Garonne.

L'*Académie des sciences, belles-lettres et arts*, rue Jean-Jacques-Bel n° 2.

Le *Lycée*, cours des Fossés.

La *Faculté de Droit*, place Pey-Berland.

Les *Archives départementales*, rue d'Aviau

Le *Palais-de-Justice*, place Magenta, construit de 1839 à 1846 ; On y remarque les statues de Montesquieu, de d'Aguesseau, de Malesherbes et de l'Hôpital.

La *Gendarmerie*, n° 7, rue du Palais-de-Justice.

Les *Prisons départementales*, situées derrière le Palais-de-Justice, furent bâties de 1835 à 1847, sur l'ancien fort du Hâ, dont deux tours ont été conservées.

La *Bourse*, place de la Bourse, a été construite en 1749 par Jacques Gabriel. Les frontons qui la décorent sont très beaux ; ils sont l'œuvre de deux artistes bordelais de beaucoup de talent. L'un des frontons représente l'*Union de l'Océan avec la Méditerranée, par la canalisation et les chemins de fer* ; ce fronton est de M. Coëffard ; l'autre, qui représente *la Justice consulaire protégeant les arts, l'industrie, le commerce et l'agriculture*, est dû au ciseau de M. Jouandot.

La *Douane*, qui se trouve en face de la Bourse ; ces deux monuments ont été construits par le même architecte.

L'*Institution des Sourdes-Muettes*, 97, rue Saint-Sernin. C'est l'établissement unique de toutes les sourdes-muettes en France ; celle des sourds-muets est à Paris. Visible tous les jours de une à deux heures.

L'*Hospice des enfants-trouvé*, quai de Paludate, fondé en 1619 par la bienfaisante Mme Tauzia, veuve de M. de Brézets ; elle y consacra presque toute sa fortune.

L'*Hospice des Incurables et de la Maternité*, rue des Incurables.

L'*Hôpital Saint-André*, place Magenta, en face du Palais-de-Justice, fondé en 1390. Le duc de Richelieu lui fit don d'un majorat de 50,000 francs de rentes ; il fut rebâti de 1825 à 1829.

L'*Hospice des Vieillards*, place Sainte-Croix, 7.

L'*Asile des femmes aliénées*, cours Saint-Jean, 145.

Le *Palais archiépiscopal*, rue Vital-Carles.

Le *Grand-Séminaire*, rue Duhamel, 22.

Le *Petit-Séminaire*, cours Saint-Jean, 141.

L'*Ecole préparatoire de médecine et de pharmacie*, rue de Lalande, 42 et 44.

La *Société de médecine homœopathique*, rue Condillac, 33.

La *Société d'agriculture*, rue de la Merci, 7.

La *Société d'horticulture*, rue de Grassi, 9.

L'Ecole industrielle et du commerce, rue Saint-Sernin, 66.

L'Hôtel de la Marine et le Commissariat général, place de Tourny, 1.

Le *Tribunal de commerce*, hôtel de la Bourse.

La *Banque de France*, rue Esprit-des-Lois, 13.

Société Générale, allées de Tourny, 30.

La *Caisse d'épargne*, rue des Trois-Conils, 63.

Le *Crédit foncier de France*, à la recette générale, 13, cours de l'Intendance.

Le *Crédit foncier*, rue Porte-Dijeaux, 18.

L'Entrepôt réel, place Lainé.

L'Observatoire, rue des Menuts, 15.

La *Manufacture des Tabacs*, place Rodesse.

L'Abattoir, cours Saint-Jean.

Le *Cimetière catholique*, *la Chartreuse*, rue d'Arès, l'un des plus beaux de France.

Le *Cimetière protestant*, rue Judaïque prolongée.

Le *Cimetière des israélites*, route d'Espagne.

Le *Salon littéraire*, place des Quinconces, 12.

Les principales églises.

La *cathédrale Saint-André*, place Pey-Berlana, fut fondée en 1076 par le pape Urbain II et fut restaurée à diverses époques. On remarque, sous la tribune de l'orgue, deux bas reliefs de la renaissance : La Résurrection du Christ et la Descente aux limbes. Le transept est orné de deux beaux vitraux, les seuls qui ne soient pas de notre époque : Un *Christ portant sa croix*, attribué à Augustin Carrache ; une *Résurrection*, par Alexandre Véronèse, un *Crucifiement*, par Jordaëns et une toile d'Annibal Carra-

10

che. Dans la chapelle du Sacré-Cœur quelques belles sculptures sont dignes d'attention. Le *Clocher ou tour de Pey-Berland*, situé à côté, au milieu d'un square, porte le nom de l'archevêque qui le fit édifier en 1440 ; on y a placé une statue de la Vierge. Le bourdon pèse 11,000 kilogrammes.

Saint-Michel, place Canteloup, un peu au-dessus du pont de Bordeaux, a été fondée en 1160 et reconstruite aux xvᵉ et xviᵉ siècles. Lés sculptures des trois portails en sont remarquables ; elles représentent la naissance de l'Enfant-Jésus et l'Adoration des Mages, Abraham préparant le sacrifice d'Isaac et l'Apparition de saint Michel à l'évêque de Siponto ; cette église a un clocher à 30 mètres de là qui fût bâti de 1472 à 1492. Un gardien le fait visiter aux étrangers meyennant 50 centimes de rétribution. Il y a un caveau, autour duquel sont rangés des cadavres retirés d'un cimetière voisin, dont le terrain sablonneux avait la propriété de conserver les corps.

Sainte-Croix, place Sainte-Croix, près de l'Abattoir, construite avant le viiᵉ siècle et réédifiée. La façade est un des rares et riches spécimens que l'école du plein ceintre ait laissés à Bordeaux. Le tombeau, qui contient les dépouilles de l'abbé de Sainte-Croix, appartient au gothique fleuri. Les fonds baptismaux sont remarquables par une boiserie de panneaux sculptés, représentant l'histoire de la Vierge et des saints de l'ancien testament ; les belles fresques de la chapelle de la Vierge sont de Jean Vasetti.

Saint-Seurin, sur la place des allées Damour. On remarque la crypte, dite de Saint-Fort, dont le cénotaphe est une belle œuvre de la Renaissance ; une superstition y attire, le jour de la fête de saint Fort, les mères qui mènent leurs enfants au tombeau de ce saint, dans l'espoir qu'il leur accordera la force et la santé.

Notre-Dame, place du Chapelet, fut fondée vers le XIII siècle et restaurée. On y remarque une très belle fresque de M. Romain Caze : Le triomphe de la Vierge.

Sainte Eulalie, place Sainte-Eulalie, ancienne abbaye de filles. Elle contient des reliques de saints. On y voit un joli lutrin.

Saint-Bruno, rue d'Arès, en face du Cimetière des catholiques, ancienne église des Chartreux, fondée au XVIIe siècle. On remarque, dans le chœur, de très jolis marbres, des peintures à fresque de Berinzago et Gonzalès, des tableaux de P. de Champaigne et du Dominiquin.

Saint-Éloi, rue Saint-James, attenant à la porte de l'Hôtel-de-Ville, date de 1159.

Temples protestants, rue Notre-Dame, 14 et rue du Hâ.

Temple protestant anglais, cours du Pavé-des-Chartrons, n° 10.

Temples israélites, rue Honoré-Tessier, 11 et rue d'Alembert, 7.

Il y a beaucoup d'autres églises que le manque d'espace ne nous permet pas d'indiquer.

Promenades

Place des Quinconces, très belle et très vaste ; (sa longueur est de 390 mètres ; la largeur de sa terrasse est de 170 mètres). De chaque côté de cette

12

terrasse se trouve une colonne surmontée des statues de la Navigation et du Commerce. On y jouit d'une vue ravissante, prise du port et des quais.

Les allées de Tourny, qui conduisent de la place de la Comédie à la place de Tourny, sont jolies, imposantes et d'un effet grandiose; elles datent de 1744 à 1753 ; elles étaient autrefois plantées d'arbres.

Allées de l'Avenue de Paris, très belles et très fréquentées.

Le Jardin Public, inauguré en 1856, a subi de grands changements et a été fort embelli; le parc anglais, les jolies pelouses, les rivières et les Quinconces en ont fait l'un des plus beaux jardins de France.

Le Jardin botanique se trouve derrière les serres ; (visible tous les jours de deux à quatre heures). On peut visiter, en même temps, le *Musée de peinture* et celui d'*Histoire naturelle* et d'*Anthropologie*.

Au sortir du Jardin des Plantes, après avoir dépassé la Serre et la Cascade, on trouve l'*Institut Médical de Lonchamps*, *rue David - Johnston*, 1, fondé en 1859, au milieu d'un vaste Jardin anglais. On y reçoit des pensionnaires et des externes ; Spécialement destiné aux maladies *chroniques*, nerveuses, rhumatismales, des voies digestives, etc. Pourvu de plusieurs salles hydrothérapiques, de bains russes, térébenthinés, de douches minérales, d'appareils électriques, d'un gymnase, il constitue une des plus belles installations balnéaires qui existent en France. Deux médecins sont chargés de sa direction et les praticiens de la ville peuvent y venir soigner leurs malades et pratiquer des opérations chirurgicales.

CAUDÉRAN, à 3 kilomètres, sur la route de Saint-Médard, jolie campagne. Voir le château d'Allumettes.

Le Jardin Zoologique d'acclimatation, de Mme veuve Poisson, boulevard de Caudéran, 290. L'omnibus de la Croix-Blanche, place de la Comédie, conduit à cet établissement. — Ouvert tous les jours de huit heures du matin à huit heures du soir. (Voir les détails à la page 41).

Principales places et rues

Principales places. — *La place de la Comédie*, d'où l'œil embrasse la rue Ste-Catherine, le cours de l'Intendance, le cours du Chapeau-Rouge, la rue Esprit-des-Lois, le cours du XXX-Juillet et les allées de Tourny, ce qui est vraiment beau ! — *La place de la Bourse* (la fontaine qui s'y trouve représente les rois Grâces). — *La place Richelieu*, entre le cours du Chapeau-Rouge et la rue Esprit-des-Lois ; celle de *Bourgogne*, en face du pont de Bordeaux, et celle de *Tourny* (où est élevée la statue de M. de Tourny, intendant de la Guienne en 1743, à qui l'on doit de beaux et nombreux travaux dans la Ville). *La p'ace Magenta*, où se trouvent le Palais-de-Justice et l'hôpital Saint-André. — *Les places de l'Hôtel-de-Ville, Rohan, de Ste-Croix*, où est l'église de ce nom ; celles *Lainé, des Capucins*, tout près de laquelle est le cimetière des Israélites. — *Place du Pont* (La Bastide).

Principales rues. — Ste-Catherine, St-Remy, Porte-Dijeaux, Notre-Dame, Esprit-des-Lois, St-Sernin,

Thiac, Lafaurie-Monbadon, du Palais-Gallien, Judaïque, Fondaudége, Croix-de-Seguey, d'Arès, du
Palais-de-Justice, St-Genès, des Menuts, Ste-Croix.

Principaux quais, cours et allées

Les principaux quais sont : les quais *de Bourgogne,
de la Douane, de la Bourse,* jusqu'au cours du Chapeau-Rouge ; le quai *Louis XVIII* et le quai *des Chartrons* qui suivent le port et qui offrent une distrac-
tion d'un grand intérêt ; et le quai *de Bacalan,* où
nous engageons les étrangers à visiter les paquebots transatlantiques.

Principaux cours et allées. — Ce sont les cours de
l'*Intendance,* du *Chapeau-Rouge,* du *XXX Juillet,* du
Pavé des Chartrons, des *Fossés,* (près la porte de
l'Hotel-de-Ville), *d'Albret,* d'*Alsace-Lorraine,* de *Tour-
non,* de *Gourgues.* — Allées : *Damour, d'Orléans* et
de *Chartres.*

Gande Poste. — *Rue Porte-Dijeaux* 10.

Les bureaux sont ouverts en été, du 1er mars au
1er novembre, de sept heures du matin à sept heures
du soir ; en hiver, du 1er novembre au 1er mars, de
huit heures du matin à sept heures du soir.

La Poste restante, de sept heures du matin à sept
heures du soir. Les dimanches et jours fériés, les
bureaux sont fermés à quatre heures.

Les heures des levées des boîtes dans la Ville
sont indiquées sur un tableau apposé sur chacune
d'elles. Une boîte supplémentaire est placée à la
grande gare.

BUREAUX AUXILIAIRES : *Chartrons, cours Portal, 63 ;
Salinières, place des Cordeliers ; La Bastide, place du
Pont, 2.*

Taxe des lettres de la France pour la France, la Corse et l'Algérie, jusqu'à 15 gr. 25 cent. ; de 15 à 30 gr., 50 cent. ; de 30 à 50 gr., 75 cent ; de 50 à 100 gr., 1 fr. 25 et ainsi de suite, en ajoutant 50 cent. par 50 gr. ou fraction de 50 gr.

Les échantillons. — L'adresse de l'expéditeur sur les échantillons est facultative ; il ne faut pas dépasser le poids de 300 gr., ni avoir sur aucune de leurs faces plus de 25 centimètres ; les échantillons d'étoffe sur carte peuvent atteindre 45 centimètres.

Les échantillons ne doivent pas contenir d'objets soumis aux droits de *douane* ou *d'octroi*, ni quoi que ce soit de nature à salir ou à détériorer. Ils ne peuvent contenir aucune *matière d'or ou d'argent* ni aucune écriture ayant le caractère de correspondance. On peut mettre des annotations avec l'affranchissement de 15 cent. Les échantillons peuvent être renfermés dans des sacs en papier, en toile, dans des étuis et dans des boîtes faciles à ouvrir pour en permettre la vérification. Ceux dont le contenu ne pourrait pas être vérifié doivent être affranchis comme lettre. La poste n'est pas responsable des échantillons ni de leur détérioration.

Papiers de commerce. — Ils doivent être mis sous bandes, dans des enveloppes non fermées, dans des boîtes ou sacs faciles à examiner : jusqu'à 50 gr. 05 cent. ; de 50 à 100 gr. 10 cent. ; de 100 à 150 gr. 15 cent. ; de 150 à 200 gr. 20 cent. de 200 à 250 gr. 25 cent. ; et en augmentant de 05 cent. par 50 gr. ou fraction de 50 gr. jusqu'à 3 kilogr., poids maximum.

Lettres et objets recommandés. — **Le droit est de**

16

50 cent. pour les lettres, et de 25 c. pour les autres objets. La perte des objets recommandés, sauf le cas de force majeure, ne donne droit qu'à 25 francs.

Lettres chargées avec déclaration de valeurs doivent être sous enveloppes, fermées de cinq cachets en cire portant sur les plis de l'enveloppe. La déclaration pour une seule lettre ne peut dépasser 10,000 francs.

Télégraphes

Place Tourny, 6. — Service permanent.

Bureaux ouverts en été (du 1er avril au 30 sept.) de 7 h. du matin à 9 h. du soir; en hiver (du 1er octobre au 31 mars) de 8 h. du matin à 9 h. du soir.

Succursales ouvertes aux mêmes heures: rue d'Aquitaine, 5. — Cours St-Jean, 76. — rue Notre-Dame, 121.

Service permanent: Gares St-Jean et Bastide.

La dépêche simple en France et à l'Etranger est de 20 mots dans lesquels sont compris le nom et l'adresse du destinataire et la signature de l'expéditeur.

Tarif intérieur de Paris pour Paris, 60 centimes; chaque 10 mots en plus, 30 centimes. — *D'un département pour l'intérieur du même département,* 60 centimes; chaque 10 mots en plus, 30 cent. — de la France pour la France et la Corse, 1 fr. 40, chaque 10 mots en plus, 70 cent. — De la France pour l'Algérie et la Tunisie, 4 fr. 40; chaque 10 mots en plus, 2 fr. 20.

Consulats.

Allemagne, quai de Bacalan, 22. — *Angleterre,* rue de la Course, 123. — *Autriche-Hongrie,* quai des Chartrons, 94. — *Belgique,* cours du Chapeau-Rouge, 19. — *Brésil,* quai de Bacalan, 104. — *République*

Argentine, rue d'Aviau, 36. — *Chili*, rue d'Aviau, 45. -- *Colombie*, rue de la Croix-Blanche, 56. — *Costa Ricca*, (Amérique centrale) rue Boudet, 10. — *Danemarck*, quai des Chartrons, 97. — *République Dominicaine*, rue de Sèze, 5. — *Equateur*, cours du Pavé-les Chartrons, 17. — *Espagne*, cours du Jardin-Public, 70. — *Etats-Unis d'Amérique du Nord*, quai des Chartrons, 35. — *Grèce*, quai des Chartrons, 68. — *Guatemala*, rue de la Croix-Blanche, 6. — *Haïti*, rue Tustal, 11. — *Honduras*, rue du Château-Trompette, 5. — *Italie*, quai des Chartrons, 68. — *Nicaragua*, quai de Queyries, 18. — *Paraguay*, rue Notre-Dame, 33. — *Pays-Bas*, quai des Chartrons, 64. — *Pérou*, rue de la Prévôté, 29. — *Perse*, rue Sainte-Catherine, 226.— *Portugal*, rue Vital-Carles, 40. — *Russie*, rue Vital-Carles, 7. — *Saint-Marin*, cours des Fossés, 92. — *Saint-Siège*, place Dauphine, 5. — *Salvador*, quai de Bourgogne, 52. — *Suède et Norwège*, rue Foy, 12. — *Suisse*, rue du Parlement-Ste-Catherine, 24. — *Turquie*, rue de Caudéran extérieure, 3. — *Uraguay*, rue Turenne, 15. — *Vénézuela*, rue Ste-Catherine, 112.

Théâtres. — PRIX DES PLACES

GRAND-THÉATRE, *place de la Comédie*. — Opéras, opéras-comiques et ballets. Il a été construit sous l'habile direction de l'Architecte Louis ; il contient 1,300 places et a coûté 3 millions. La salle est confortable et très-bien disposée; le foyer est très élégant. Le vestibule est orné de 16 colonnes de style ionique ; au-dessus se trouve une belle salle de concerts. A l'extérieur, de larges galeries couvertes entourent. le théâtre. C'est là que siégea, en 1871, la chambre des députés.

Loges à salon, galeries et baignoires, 5 fr. — Fauteuils d'orchestre, 5 fr.— Premières, stalles des balcons et des galeries, 4 fr. — Parterre, 2 fr. 50. — Secondes et loges, 2 fr.— Paradis, 1 fr. —La location (1 fr. en plus) ouverte de 1 à 5 heures, se trouve sous le péristyle du Théâtre, du côté du Cours du Chapeau-Rouge. Les loges ne sont louées que complètement.

Théatre-Français, *rue Montesquieu et rue Condillac.*— Opérettes, drames, comédies, vaudevilles.

Loges et fauteuils d'orchestre, 4 fr. (location, 5 fr.) — Parquet et première galerie, 2 fr. 50 (location, 2 fr. 75) . — Deuxième galerie, 1 fr. 50 (location, 2 fr.). — Troisième galerie, 0 fr. 75 (location, 1 fr.). — Paradis, 0 fr. 50 (location, 0 fr. 60).

Théatre-Louit, *rue Castelnau d'Auros.* — La plus grande salle de la ville.

Skating-Rink (Salle de patinage).

Tous les jours, trois séances : la première, de 9 heures du matin à midi ; prix d'entrée, 1 fr.

La deuxième, de 2 heures à 6 heures du soir ; *concert*; prix d'entrée, 2 fr.

Et la troisième, de 8 heures à 11 heures du soir ; *concert*; prix d'entrée, 2 fr.

Les dames et les enfants paient demi-place.

Théatre des Folies-Bordelaises, *rue Sainte-Catherine, 56.* — Tous les soirs, à 8 heures, concerts, opérettes, vaudevilles, ballets. Ces spectacles, très amusants, attirent chaque soir les étrangers.

Loges, 3 fr. — Fauteuils, 2 fr. 50. — Première galerie et parquet, 1 fr. 50. — Deuxième galerie, 0 fr. 75. — Café-foyer et salle de billard attenant à la salle du théâtre.

L'Alcazar, *place du Pont, à la Bastide.* — Spectacle et café-concert.

Stalles, 1 fr. 50. — Premières, 1 fr. — Secondes, 50 cent.

Tarif des Voitures.

Voitures à 2 chevaux		Voitures à 1 cheval	
FERMÉES		FERMÉES OU DÉCOUVERTES	
(de 6 heures du matin à minuit)		*(de 6 heures du matin à minuit)*	
La course................	2 »	La course.............	1 50
Première heure..........	2 »	Première heure..........	1 50
Heures suivantes.........	1 75	Heures suivantes........	1 25
(de minuit à 6 heures du matin)		*(de minuit à 6 heures du matin)*	
La course...............	3 »	La course.............	2 »
Première heure...........	3 »	Première heure..........	2 »
Heures suivantes........	2 50	Heures suivantes.........	1 75
Calèches découvertes		Voitures sous remise	
(de 6 heures du matin à minuit)		*(de 6 heures du matin à minuit)*	
La course...............	3 »	La course.............	2 »
L'heure.	3 »	L'heure.............	2 »
(de minuit à 6 heures du matin)		*(de minuit à 6 heures du matin)*	
La course............	4 »	La course.............	3 »
L'heure.............	4 »	L'heure.............	3 »

Les courses à l'heure seront payables par fraction de quart d'heure, à l'exception de la première qui sera toujours payée en entier. De sorte que, si la première est passée, le quart sera dû sur la seconde ; le quart de la seconde dépassé, la demi-heure sera due, ainsi de suite.

Un ou deux colis placés sur l'impériale ou le siége paient 50 centimes ; au-dessus de deux, 25 centimes par colis. Les objets que le voyageur peut porter à la main ou tenir dans l'intérieur de la voiture sont transportés gratuitement. — Les cochers peuvent se faire payer d'avance lorsqu'ils conduisent des personnes aux spectacles, bals, concerts, etc., et lorsqu'ils les descendent à l'entrée d'un jardin ou autre lieu où il existe plusieurs issues.

Chemins de fer

Les services changeant fréquemment, nous renvoyons nos lecteurs aux livres traitant de ces matières (Consulter l'*Indicateur Chaix*).

Gares. — De *La Bastide* (Chemin de fer d'Orléans), bureau, allées d'Orléans, 2. — *St-Jean* (Chemin de fer du Midi), bureau, cours du XXX-Juillet, 10. — *Du Médoc* (chemin de fer du Médoc), bureau, rue Gobineau, place de la Comédie. — *L'Entre-Deux-Mers* (La Sauve), à La Bastide, bureau, rue Gobineau, place de la Comédie.

Steamers omnibus : HIRONDELLES, GONDOLES ET ABEILLES. *(Calle de la Bourse)*.

Promenades dans le port de Bordeaux, la banlieue et sur la Garonne, que nous engageons les Etrangers à faire.

TROIS LIGNES DISTINCTES

Parcours vers le bas de la rivière avec escales jusqu'à Lormont. Départs toutes les demi-heures, trajet de 5 kil. en 25^m, *prix, 30 cent.*

Parcours vers le haut de la rivière avec escales à *La Souys, Bègles, Latresne*, jusqu'à *Port-Neuf*. Départs toutes les heures, trajet de 8 kil. en 50^m, *prix, 50 cent.*

Traversée de la rivière aboutissant à la gare d'Orléans La Bastide. Départs toutes les 5^m, *prix, 10 c.*

Points de départs, gares flottantes sur le quai en face de la Bourse, de la Douane et des Quinconces.

Location de petits bateaux à vapeur à l'heure et à la journée pour promenades sur la Garonne.

EXCURSIONS

Les Etrangers ne doivent pas quitter Bordeaux sans visiter :

Arcachon, à 56 kil.; Cette ville a pris un grand développement depuis une quinzaine d'années ; le bassin est une baie de 80 à 85 kilom. de tour que le spirituel M. Charles Monselet nomme l'antichambre de l'Océan. On appelle, dans ce pays, *Villas d'hiver*, les habitations garanties du froid, qui sont situées dans la vaste forêt de pins, de chênes, de houx et d'arbousiers, qui entoure la ville ; elle est bien tracée ; (elle a 3,600 hectares.) Des *villas d'été* et des habitations couvrent la plage, qui a 6 kilom. de longueur. On a remarqué qu'un séjour dans ces parages, où l'on respire des émanations résineuses et un air tiède et salin, opérait souvent des guérisons, surtout dans les maladies de poitrine ; aussi, les célébrités médicales conseillent-elles aux personnes qui en sont atteintes, d'habiter ce pays pendant un certain temps.

On y remarque un très beau casino dans la forêt, au milieu d'un jardin situé dans le haut du pays. Il a été copié sur l'Alcazar, l'Alhambra et sur la Mosquée de Cordoue. Au rez-de-chaussée sont les salons de conversation et de jeu ; il y a une jolie salle pour les concerts, bals, fêtes et spectacles. Nous avons eu le plaisir d'y entendre le spirituel Lemercier de Neuville, auteur, acteur, sculpteur, peintre et décorateur des *Pupazzi*, dont les saillies attirent toujours la foule partout où il les exhibe, ce qui est très agréable pour les casinos et pour le public !

Un petit kiosque ravissant s'élève au milieu de

verdure et de fleurs ; on y entend un excellent orchestre.

De la terrasse du Casino, l'on jouit du beau panorama que présentent le bassin d'Arcachon, les dunes, les forêts, les campagnes environnantes et leurs jolies villas. Les plaisirs de la chasse et de la pêche y sont faciles, et l'on trouve dans ces sîtes de frais ombrages, qui sont assez rares dans la plupart des plages balnéaires. Il n'y règne pas un grand luxe, comme on pourrait le croire ; les femmes ont le bon esprit de se vêtir simplement, mais avec goût, et là, les enfants piétinent du matin au soir sur un sable fin, vêtus d'un costume dans lequel ils sont à l'aise et qui leur permet de se livrer à leurs joyeux ébats !

Les principales villas qu'on y voit sont celles de *Péreire, Isabelle, Chabrier, Victoria, Montretout, Pepa, Deganne, Grangeneuve et le châlet Johnston.*

Les baigneurs y dépassent le nombre de 100,000 ; la population est de 4,000 habitants.

Visiter : Notre-Dame, — l'*Observatoire Sainte-Cécile,* d'où l'on a une très belle vue. — Le *Musée Aquarium,* sur le boulevard de la Plage, est très intéressant.

Excursions aux environs : L'*Ile des Oiseaux,* — l'*étang de Cazeaux,* — la *dune le Truc de la Truque,* — le *Pilat,* — le *Phare du cap Ferret,* — la *Pointe du Sud,* — le *Parc aux huîtres* sont également à voir.

Blaye, à 43 kil. ; sa citadelle a été construite en 1683 par Vauban ; on y voit le bâtiment dans lequel la duchesse de Berry, arrêtée à Nantes en 1832, fut détenue pendant quelques mois ; en face est l'îlot : le *pâté de Blaye,* sur lequel on a construit le fort de Saint-Simon.

Pauillac, à 48 kil.; une charmante et la première ville vinicole du Médoc, où se trouvent les crûs de Château-Laffite, Château-Latour et d'autres grands vins; les navires qui arrivent ou partent y font souvent escale.

Royan à 96 kilom. ; à l'extrémité de la Charente-Inférieure ; petite ville très gaie, bâtie sur des rochers. Sa station balnéaire est, à juste titre, très fréquentée par les habitants du Médoc, les bordelais et les étrangers ; son beau casino, situé au milieu de frais ombrages, attire la foule charmée par la bonne musique qu'on y entend et par les représentations théâtrales qui y ont lieu. Non loin de là, se trouve le phare de Cordouan, La Tremblade, Saint-Georges, Soulac, Le Verdon.

Un bateau à vapeur part de Royan et conduit à Le Verdon, où l'on trouve le chemin de fer américain qui traverse une jolie forêt de pins et mène à la gare du chemin de fer qui va à Bordeaux. Nous conseillons l'aller ou le retour à Blaye, Pauillac ou Royan par les bateaux à vapeur partant le matin de Bordeaux et qui y font escale, ce qui permet d'admirer les beaux sites, les châteaux et les jolies propriétés, ainsi que le mouvement du port de la Garonne et de la Gironde.

Lormont, à cinq kilomètres ; on y voit les ruines du château du Diable et le château Beaufils ; ce petit pays est très fréquenté le dimanche par la société bordelaise.

Langon, à 42 kilom. ; On y remarque les restes du château qui existait au moyen âge ; Louis XIV le visita en 1660.

24

La Réole, à 61 kilom.; Petite ville très ancienne, bâtie en amphithéâtre sur le flanc d'une colline escarpée, dont le pied est baigné par la Garonne.

On fait le voyage à Lormont, La Réole et Langon par le bateau à vapeur, surtout l'été.

Dax. — *Station thermale et hivernale renommée.* —Au centre de la ville, s'élève la *Fontaine Chaude*, l'une des merveilles hydrologiques de la France: en face, le *Grand Etablissement Thermal de la ville*, pourvu d'une installation balnéaire remarquable; bains de boues et d'eau minérales, piscines de natation, salles de douches, étuves naturelles, appareils pulvérisateurs, etc.., On y soigne, *l'hiver*, les maladies de la gorge et de la poitrine et, *toute l'année*, les maladies rhumatismales, névralgiques, etc... Les malades peuvent loger dans l'établissement dont l'aménagement est celui d'un *grand hôtel* de premier ordre. Construit sur des nappes d'eaux chaudes, il règne dans les vastes galeries, sur lesquelles donnent les salles de bains, les appartements, salons, etc.., une température uniforme, chaude et moite qui, l'hiver, font de cet établissement un lieu de séjour *unique en Europe.* Deux médecins résidant dans *les Thermes de Dax*, sont chargés de leur direction médicale.   F. C. et G. L.

Le Don Quichotte a réalisé, dans toute l'acception du mot, les tentatives de décentralisation faites maintes fois et maintes fois avortées. Imprimé à Bordeaux, il a établi le centre de ses opérations et de sa vente à Paris, d'où il rayonne sur toute la France et sur l'Etranger. Sa vogue universelle s'explique par les noms de ses deux principaux collaborateurs, **Gilbert-Martin** et **Argus**.

Bureaux : rue Cabirol, 7, 9 et 11, Bordeaux. — Dépôt central : rue du Croissant, 20, Paris.

BORDEAUX

MAISON DU PROPHÈTE

FONDÉE EN 1835

Reconnue pour vendre le meilleur marché

Les Fils WALL

VÊTEMENTS SUR MESURE ET HAUTE CONFECTION

POUR HOMMES & POUR ENFANTS

ENGLISH
SPOKEN

SE HABLA
ESPAÑOL

44, Cours du Chapeau-Rouge & rue des Piliers-de-Tutelle, 2

AU PRINTEMPS

2, PLACE DE TOURNY, 2

(Angle du Cours de Tourny)

PARFUMERIE DE PARIS ET DE LONDRES
ARTICLES DE TOILETTE
BROSSERIE FINE, MONTURE IVOIRE, EBÈNE, BUIS,
FOULARDS & CRAVATES
MAROQUINERIE DE LUXE
SPÉCIALITÉ D'ÉVENTAILS POUR SOIRÉES
ET CORBEILLES DE MARIAGE
FLEURS ARTIFICIELLES ET PARFUMÉES
CRISTAUX DE BACCARAT
ÉCRINS DE MARIAGE

PHOTOGRAPHIE
CHARLES

46 — Allées de Tourny — 46

BORDEAUX

Ancienne Maison DENISSE

REPRODUCTION

AGRANDISSEMENT

PHOTOGRAPHIE

EN TOUS GENRES

ÉMAUX INALTÉRABLES
ET PEINTURE

CHAPELLERIE
G^GES PAPILLON

3, COURS DE L'INTENDANCE, 3

Chapeaux pour Hommes, Dames et Enfants

PEINTURE & PHOTOGRAPHIE

MASCHEK

14 — Allées de Tourny — 14

(Au deuxième)

BORDEAUX

Horlogerie, Joaillerie, Bijouterie, Orfèvrerie

ACHAT D'OR, D'ARGENT ET DE DIAMANTS

Maison A. FONTAN

J. FONTAN Fils, Successeur

5, Cours de l'Intendance, 5

BIJOUTERIE, JOAILLERIE, ORFÈVRERIE, HORLOGERIE

A. PASQUET

Ruben LAGARRIGUE, Successeur

54, Cours du Chapeau-Rouge, 54

BORDEAUX

A LA BALAYEUSE

MAISON FONDÉE EN 1802

E. CASTAGNET, S^r *de* J. CAULA Fils

Rue Sainte-Catherine, 25

MERCERIE, GROS & DÉTAIL

TAPISSERIE, LAINES, GUIPURES, TULLES ET DENTELLES

FOURNITURES POUR TAILLEURS & TAILLEUSES, PASSEMENTERIE, RUBANS
& VELOURS

PORCELAINE — CRISTAUX

Fantaisies diverses

Ancienne Maison DAYDIE

56, Cours de l'Intendance, 56

Spécialité de Services

T. VARRAILHON

HORLOGERIE — BIJOUTERIE — JOAILLERIE — ORFÈVRERIE

— Place de la Comédie — 3

BORDEAUX

PHOTOGRAPHIE UNIVERSELLE

H. PANAJOU

Spécialité d'agrandissements de Photopeinture

Obtenue sur toile

AGRANDISSEMENTS INALTÉRABLES AU CHARBON

Photographies sur Émail

6 et 8, allées de Tourny, 6 et 8

(Près la Place de la Comédie).

BORDEAUX

PHARMACIE UNIVERSELLE

P. GINESTE

82, Cours de Tourny, 82, Bordeaux

DÉPOT DE TOUTES LES SPÉCIALITÉS FRANÇAISES
ET ÉTRANGÈRES. — SPÉCIALITÉS DOSIMÉTRIQUES
SIROP PECTORAL — PATE BALSAMIQUE
ESSENCE DE SALSEPAREILLE ET DÉPURATIFS DU SANG

Corbeilles de Mariage

SPÉCIALITÉ DE LA

Papeterie LATOUR

A BORDEAUX — PLACE DE LA COMÉDIE

(Angle de la Rue Ste-Catherine et du cours de l'Intendance)

Paroissiens et Missels Riches reliures, éditions illustrées du xve siècle.

Eventails de luxe et de fantaisie. Spécialité pour Corbeilles de mariage.

Boîtes à Gants, à Mouchoirs et à Bijoux

Chapelets Riches, montés Or et Argent.

Ebénisterie, Bronzes, Maroquinerie

On y trouve réunies toutes les fantaisies
de l'art parisien
et des nouveautés exceptionnelles.

Papiers Français et Anglais

Timbres couleurs aux chiffres et armoiries
(Spécialité du monde élégant)

AU PROPHÈTE

FABRIQUE DE CHEMISES ET LINGERIE

L. NOÉ

7, Cours de l'Intendance, 7 — BORDEAUX

PRIX-FIXE

Maison recommandée pour les soins apportés à sa
fabrication de Chemises de luxe et Lingerie fine
Cravates, Faux-Cols, Manchettes et Foulards
Cache-nez, Bonneterie et Ganterie
Gilets de Chasse et Caleçons de flanelle
Couvertures de Voyage
Hautes Nouveautés Françaises et Etrangères
MAISON A PARIS

Maison SAINTE-ANNE

5, Cours de l'Intendance, 5

ARTICLES DE LUXE ET DE VOYAGE — ALBUMS — ÉVENTAILS
NÉCESSAIRES DE TOILETTE ET DE TRAVAIL
CADRES PHOTOGRAPHIQUES — PORTE-FEUILLES
PORTE-MONNAIE — SACS DE DAMES ET GIBECIÈRES
BOITES A MARIAGE
VUES DE BORDEAUX EN TOUS FORMATS

NÉVRALGIES

Migraines, lumbago, pleurodynie
et toutes douleurs d'origine ou de nature nerveuses.

Guérison instantanée par le

Baume antinévralgique Lasalle-Moran.

Frictionner légèrement avec ce Baume la région affectée.
Pharmacie LASALLE, Rue Judaïque, 7, Bordeaux.
Prix : 3 fr.; par la poste 3 fr. 20.

JARDIN ZOOLOGIQUE, Boulevard de Caudéran, 290

(Visible tous les jours de 8 h. du matin à 8 h. du soir)

Ce Jardin, très ombragé, se compose de jolies promenades et renferme de belles collections d'animaux très-curieux.

Un pavillon, occupé par la brasserie Kern, tient à la disposition du Public des rafraîchissements et autres consommations. — Une Fanfare, sous la direction de M.F. Rousse fils, exécute le jeudi et le dimanche les meilleurs morceaux de son répertoire. — Promenade pour les Enfants et les Amateurs sur l'Eléphant, Dromadaire, Chameau, Poney et Ane. — Le prix d'entrée est fixé à 50 c. le dimanche et 1 fr. la semaine — Les enfants de 7 à 12 ans ne paient que demi-place. — Vente et Achat d'animaux de toute espèce.

FABRIQUE D'ÉBÉNISTERIE

M^{ce}-H^{ri} LEDET F_{ILS}

81 et 83, Rue Ste-Catherine, 81 et 83

BORDEAUX

SIÉGES ET TENTURES D'APPARTEMENTS
MEUBLES DE FANTAISIE

GRAND SALON DE COIFFURE

Maison de Confiance

F. G. GABARD

Élève de MM. ANDOQUE & DEMANGE, de Paris

2, Cours du Trente-Juillet

En face les Allées de Tourny et à côté du Café Cardinal

PARFUMERIE — **BORDEAUX** — COIFFURES DE
PREMIÈRES MARQUES — DAMES

Pommade du Dr KÉNIEFF, infaillible contre les Pellicules, Démangeaisons et autres maladies du cuir chevelu. (Spécialité de la Maison.)

A SAINTE-CATHERINE

NOUVEAUTÉS

(Maison de Confiance)

TROUSSEAUX & LAYETTES

FANTAISIE

—

Bonneterie

—

LAINAGES

—

Blanc de Fil

ET

BLANC de COTON

—

LINGE

confectionné

SOIERIES

—

Châles

—

LINGERIE

—

Confections

ET

Costumes

POUR

Dames & Enfants

A. BOUHOURS

2, rue Sainte-Catherine, 9 et 11, rue Daurade

BORDEAUX

ARMES DE LUXE, DE GUERRE & D'EXPORTATION

Maison Fondée en 1832

JULES CAMPAGNAC FILS

SUCCESSEUR

Arquebusier Fabricant

1 — Cours du Chapeau-Rouge — 1

BORDEAUX

ATELIER
Pour les Fusils de Commande
à baguette,
Lefaucheux à broche, et
Lefaucheux à percussion centrale

REVOLVERS
De tous les systèmes.

PISTOLETS
De Combat, d'Arçon et de Tir.

PISTOLETS ET CARABINES
Pour Tir
De Salon et de Jardin.

ARTICLES DE CHASSE
Carniers, Guêtres,
Sacs à plomb, Poudrières,
Cartouchières,
Nécessaires à Cartouches, etc.

ACCESSOIRES
Pour Fusils à baguette et
Lefaucheux.

ARMEMENT POUR LES NAVIRES
CANONS
en Fonte de fer et en Bronze.
PIQUES,
Sabres et Haches d'Abordage

ATELIER
Pour toutes sortes de réparations
aux Armes.

CARTOUCHES
Pour Revolvers, pour Carabines
de tous les systèmes.

AMORCES
Pour Fusil de chasse, pour
Fusil de Munition
et pour communiquer le feu
à la dynamite.

ARTICLES D'ESCRIME
FLEURETS, GANTS, SANDALES,
Gilets,
Plastrons, Masques et Ceintures.

ARMES BLANCHES
Poignards, Couteaux de Chasse.
SABRES, ÉPÉES, ETC.

ARTICLES DE PÊCHE
De fabrication
Française et Anglaise.

ÉPERONNERIES

ENTREPOT
De Plomb et de Poudre de chasse

ORFÉVRERIE CHRISTOFLE

PRIX & CONDITIONS DE FABRIQUE

POINÇON DU MÉTAL BLANC
DIT ALFÉNIDE

ALFÉ NIDE

CHRISTOFLE

Maison de Vente

CHEZ

C. CLAVÉ

QUINCAILLIER

Spécialité d'articles de Ménage

MARQUES DE FABRIQUE

CHRISTOFLE

GARNITURES DE CHEMINÉES
49, Cours de l'Intendance, 49
BORDEAUX

PHOTOGRAPHIE

A. TERPEREAU

29, Cours de l'Intendance, 29

BORDEAUX

BREVETÉ S. G. D. G.

Médailles d'or, d'argent, etc., aux Expositions
de Bordeaux, Paris, Lyon, Chili

**Vues des Monuments de Bordeaux
et des principaux châteaux de la Gironde**

MANUFACTURE DE LITS & MEUBLES EN FER
Maison spéciale de Literie
F^D GRANDET FILS
FABRICANT BREVETÉ
55, RUE SAINTE-CATHERINE, 55 (au Premier)
BORDEAUX

SOMMIERS, BERCEAUX
CANAPÉS
COUCHES COMPLÈTES

SIÉGES DE JARDINS
TABLES POUR CAFÉS

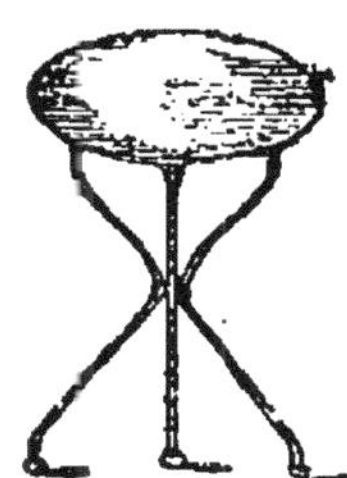

LITS MÉCANIQUES
pour
MALADES & BLESSÉS

PORTE – BOUTEILLES
COFFRES-FORTS

NOTA. — Cette Maison est celle qui vend le meilleur marché. Elle n'a aucune succursale, (Entrée des Magasins, 4, impasse Sainte-Catherine).

Sur demande, on envoie franco le Tarif Album.

MAGASIN ALSACIEN
M. KALLMANN J^{NE}
Cours de l'Intendance, 30, Bordeaux
à côté de la Pharmacie Centrale

Rubans, Velours, Soieries pour Modes. — Grand choix de Plumes, Chapeaux de feutre et paille. — Spécialité de fournitures pour Modes.— Tulles, Crêpes, Gazes et formes pour Chapeaux.— Assortiments très variés de Cravates et Ceintures pour Dames.

GROS - **MAN SPRICHT DEUTSCH** - DÉTAIL

HYDROTHÉRAPIE COMPLÈTE

74, RUE DE LA TRÉSORERIE, & 133, RUE ST-SERNIN

Douches variées — Bains de vapeur — Bains russes
Bains médicamenteux en tous genres
La médication est faite avec de l'eau de source

Dr DUVIGNAUD : Consultations de midi à 3 heures
Traitement de toutes les maladies chroniques

F. ROUSSET

CHen DENTISTE DE LA FACULTÉ DE NEW-YORK

Successeur de M. Louis DUPUTS

10, PLACE DES QUINCONCES — BORDEAUX

PHARMACIE CENTRALE & POPULAIRE

28, cours de l'Intendance, Bordeaux

Entrepot général de toutes les spécialités sérieuses

PAPIER MOURE

Est reconnu supérieur

POUR DÉTRUIRE LES

MOUCHES

Il est sans danger pour les personnes.

Prix : **5** centimes la feuille, **1** franc les 25 feuilles.
En adressant *franco* des timbres-poste à M. MOURE, pharmacien, à Bordeaux, 28, cours de l'Intendance, il expédiera franco son papier aux prix ci-dessus.

N.-B. Ecrire très lisiblement son adresse.

SE TROUVE ÉGALEMENT CHEZ 8 PHAR IENS, OGUISTES

ESSENCE DE QUINQUINA

de A. P-DELILLE, pharmacien-lauréat

EX-PRÉPARATEUR DES COURS DE PHARMACIE

Pour servir à la préparation instantanée du

VIN DE QUINQUINA

Prix : **1 fr. 25**

Dépôt général : Pharmacie P-DELILLE

8, Allées Damour, 8, Bordeaux

ON TROUVE A LA MÊME PHARMACIE LE

PECTORAL A. P-DELILLE

Ce Sirop, préparé avec le suc des plantes les plus riches en principes antiphlogistiques, est d'une efficacité certaine contre les *Toux opiniâtres, Rhumes, Catarrhes, Grippes*, etc.

Prix : **2 francs.**

Manufacture de Chaussures Cousues

Anciennes Maisons DORÉ & Cᵒ et L. FORNIER Aîné

Ch. ROUX, Successeur

VENTE { 19, Cours de l'Intendance, BORDEAUX

Au Détail { 29, Boulevard Sébastopol,　　　PARIS

Spécialité de Chaussures de chasse imperméables

OUVRIERS SPÉCIAUX POUR MESURES

La Maison de Lingerie

AU PETIT PARIS

Située Cours de l'Intendance, 65

(Près du Théâtre-Français)

Est la seule à **Bordeaux** pouvant vendre à des prix aussi limités ses Articles de **LINGERIE, BRODERIES** et **DENTELLES** pour **Dames, Hommes** et **Enfants,** toujours d'un goût, d'une fraîcheur et d'une solidité irréprochables.

Un Tarif est tenu à la disposition de toute personne qui le désire.

Prix-Fixe Invariable

TOUT EST MARQUÉ EN CHIFFRES CONNUS

GROS — DÉTAIL — EXPORTATION

Toute Commande est livrée dans les 12 heures

SEULE MAISON A BORDEAUX

65 — Cours de l'Intendance — 65

(Près du Théâtre-Français)

PIANOS de PLEYEL et autres principaux facteurs

MAISONS RIONDÉ & MIAILHE
Vve RIONDÉ, Successeur

1, Rue Esprit-des-Lois, 1 — Bordeaux

Vente, location, échange, réparation et accords.
Exportation.

Etiquettes Métalliques pour Conserves Alimentaires

Vve E. PÉCHADE

1, rue Esprit-des-Lois, 1 — Bordeaux

Exportation.

FABRIQUE D'ARTICLES DE VOYAGE
ET SPÉCIALITÉ EN TOUS GENRES

Maison GIRAL
BILLEAUD, Successeur

Rue Esprit-des-Lois, 21 (en face la Préfecture)
BORDEAUX

Cette Maison, fondée depuis 40 ans, a obtenu, en
1859, une Médaille d'honneur à l'EXPOSITION de BOR-
DEAUX.

Elle réunit tout ce qui constitue les Articles de
voyage et de chasse, malles de toutes dimensions,
ouvertures à secrets, chapelières, couvertures, sacs de
dames, fourrures, etc.

A. Jⁱⁿ MASSY

13 — Rue Sainte-Catherine — 13

CHEMISES SUR MESURE
ET TOUTES FAITES

Spécialité de Bonneterie, Ganterie, Cravates,
Faux-Cols, Gilets et Caleçons de Flanelle.

FABRIQUE DE PARAPLUIES ET OMBRELLES

Cannes—Cravaches—Sticks—Réparations—Echanges
Spécialité d'Articles de Haute Fantaisie
et Nouveautés — Eventails en tous genres

J. SAULLE

20, Cours de l'Intendance — Bordeaux

MAISON CROSTI

L. LARGHI, Ingénieur-Opticien

Neveu et Successeur

5, rue Sainte-Catherine, Bordeaux.

Grand assortiment d'Optiques, physiques, mathéma-
tiques et de marine.
Spécialité de Verres, Lunettes, Pince-nez et Faces à
main. — Jumelles de théâtre, campagne
et marine. — Longue-vues, Microscopes, Loupes,
Baromètres, Thermomètres, Manomètres, Paratonnerres,
Appareils divers pour les essais des vins et liqueurs.
Appareils physiques et électriques.
Instruments de précision, d'arpentage et nivellement.
Boîtes à compas, Articles de dessins.
Atelier spécial pour la fabrication et réparation de
tous les instruments.
Véritables verres en cristal de Roche.

Maison

DE

L'AIGLE

A. DUMAS

CHEMISIER breveté, s. g. d. g.

LINGERIE POUR DAMES & TROUSSEAUX

19, cours de l'Intendance, 19

BORDEAUX

AU PACHA

Armand PICORON

26, Cours de l'Intendance, Bordeaux

ARTICLES EN TOUS GENRES POUR FUMEURS (RÉPARATIONS)

MAROQUINERIE, HAUTES NOUVEAUTÉS

TABLETTERIE, ÉCAILLE, IVOIRE ET NACRE

ARTICLES DE VOYAGE, SACS GARNIS, SACS DE DAMES

AUMÔNIÈRES, CEINTURES, GIBECIÈRES, NÉCESSAIRES

ALBUMS, ÉVENTAILS, CHATELAINES

RELÈVE-JUPES, ETC., ETC.

Toutes les Marchandises sont marquées en chiffres connus et à Prix Fixe.

Pharmacie E. BÉGUIER

21, Cours de l'Intendance, 21. — Bordeaux

Dépôt de toutes les spécialités pharmaceutiques françaises et étrangères.

Dépôt général du **Souverain Antiherpétique** du Dʳ **O'RELAW,** contre les Affections de la Peau les plus invétérées.

Vin de Faham « au quinquina et Cacao » du Dʳ **BÉGUIER,** contre les maladies d'estomac.

Élixir vermifuge américain, le plus doux et le plus agréable pour la santé des enfants.

Séve du Médoc de Mancel, pour la bonification des vins.

SPÉCIALITÉ DE DENTELLES
RENATEAU
Rue Ste-Catherine, 35, en face celle du Parlement
BORDEAUX

CHOIX VARIÉ — GROS & DÉTAIL — PRIX FIXE

Parmi les maisons de commerce d'une grande ville, celles qui possèdent réellement une spécialité sont sûres d'offrir à leurs clients des avantages considérables et exceptionnels. Mais ces Maisons sont rares à Bordeaux. La Maison RENATEAU fait partie de ce petit nombre et elle peut justement prétendre au titre de maison spéciale, car elle ne vend que de la dentelle ; c'est grâce à cette combinaison que M. RENATEAU a pu se mettre en relations directes avec les premières fabriques de tous les pays et qu'il est dans des conditions favorables pour avoir toujours dans son magasin les assortiments les plus variés, les plus beaux et les plus riches, dignes de rivaliser avec ceux de Paris. La clientelle connaît la nouveauté de ces articles; elle sait aussi, que nulle part, les marchandises ne sont livrées à des prix plus équitables.

PHOTOGRAPHIE
A. ASTRUC
70, RUE SAINT-RÉMI, 70
Près de la rue Sainte-Catherine, en face la Galerie-Bordelaise

---

Portraits Cartes émaillés, **18** fr. la douzaine au lieu de 25 fr.
Portraits Cartes ordinaires, très soignés, **10** fr. la douzaine.
Portraits album émaillés, **35** fr. la douzaine au lieu de 50 fr.
Portraits album ordinaires, très soignés, **20** fr. la douzaine.
Photographies, procédé au charbon, garanti inaltérable.
Portraits de toutes grandeurs, peintures à l'huile, aquarelles, pastels, etc.

Réussite assurée des PORTRAITS d'Enfants
VOIR LES BEAUX SPÉCIMENS A LA MONTRE

MAISON CHEVÉNEMENT

18, rue Maucoudinat, et 44, rue du Pas-Saint-Georges

BORDEAUX

ENCRE INDIENNE, pour presses à copier, toujours limpide et donnant 3 à 4 copies.

ENCRES - CHEVÉNEMENT, noir-bleue en écrivant, toujours limpide et augmentant de noir en séchant.

CIRAGE BORDELAIS, dit le *Brillant*, noir brillant siccatif et imperméabilisant la chaussure.

CIRAGE POUR HARNAIS, à la cire des Landes, brillant et imperméable.

EAU DE CUIVRE, pour le nettoyage des cuivres.

USINE St-PEY à vapeur à TALENCE, près Bordeaux

GROS — EXPORTATION

ARTICLES DE VOYAGE

Gve CHARROL

58, Cours de l'Intendance — Bordeaux

Spécialité de Sacs de Dames

BILLARDS DE TOUS STYLES

Garantie, supériorité reconnue

Jeux de toutes sortes — Fournitures générales pour Cafés et Cercles — Spécialité de jeux de Courses de Salons
Billards d'occasion — Echange — Réparations.

A. DURAND & Cie, Fabricants brevetés (15 médailles)

3, rue du Palais-de-Justice, Bordeaux

SUCCURSALE A MARSEILLE

OFFICE GÉNÉRAL MARITIME

Maison fondée en 1867

Victor DEPAS

DIRECTEUR

9, Place Richelieu, 9, Bordeaux

Paquebots poste des Meilleures Compagnies
Françaises et étrangères.

Pernambuco, Bahia, Rio-de-Janeiro, Montevideo, Buenos-Ayres, Valparaiso, Callao et tous les ports des mers du Sud.

New-York, New-Orléans, San-Francisco, Montréal, Portland, Baltimore et toutes les principales villes des Etats-Unis et du Canada.

Guadeloupe, Martinique, La Guayra, Savanilla, Colon, Saint-Thomas, La Havane, Vera-Cruz, Port-au-Prince, Santiago-de-Cuba et tous les autres ports des mers des Antilles.

Calcutta (viâ Liverpool) par la Cie *Portale-Allan.*

POUR TOUS RENSEIGNEMENTS, FRET ET PASSAGES, S'ADRESSER
à **M. Victor DEPAS**, *place Richelieu, 9.*

ARCACHON

Hôtel Richelieu, 185, Boulevard de la Plage, au centre du Théâtre et du Casino. — Salle à manger de 200 couverts donnant sur la plage et dominant entièrement le bassin. — Vue splendide. — Table d'hôte et restaurant. — Salons de Compagnie. — Cabines attenant à l'Hôtel.

Agence Drouet. — BÉCHADE & BRANNENS, 276, Boulevard de la Plage.

Première Maison pour la location des Villas. — Renseignements gratuits.

Vins et Spiritueux.

Photographie du Chalet, Avenue du Casino. — Agrandissements. — Reproductions. — Réussite assurée des portraits d'enfants. — Leçons de photographie. — Portraits de toutes grandeurs et de tous les genres — Vente de toutes les vues des chalets pour album et pour stéréoscope. — Vues générales de la Ville et de la Plage, etc.

ANGERS

Hôtel du Cheval Blanc, rue Saint-Aubin, 12.
— Recommandé par tous les Guides français et
étrangers.
Salons et appartements pour familles.
Restaurant et table d'hôte à six heures.
Omnibus pour tous les trains.

E. MORNARD, propriétaire.

Ancienne Maison **COINTREAU Frères**
MAISON FONDÉE EN 1849 — ANGERS

COINTREAU FILS, Successeur

GUIGNOLET D'ANGERS
CRÈME DE CASSIS

SEULE MAISON SPÉCIALE POUR l'Exportation
Fondée en. 1849 — Médailles aux Expositions :
Laval 1857
Rennes 1859, Nantes 1861, Angers 1864
Saint-Brieuc 1865
Mention honorable à l'Exp. univ., Paris 1867

EXPÉDITIONS EN CAISSES OU PANIERS : F° GARE MARITIME, A BORDEAUX

S'adresser, pour demandes et renseignements, au siége de la Maison :
Quai des Luisettes, 39, 41, 43, **ANGERS** (Maine-et-Loire)

BORDEAUX

Nouveautés. — A SAINTE-CATHERINE, 2, rue
Sainte-Catherine, 9 et 11, rue Daurade.

Grands Vins de Bordeaux. — GREMAILLY Fils Aîné, *40, cours du Chapeau-Rouge, Bordeaux*. Spécialité des grands vins de la Gironde et de la Bourgogne avec marques authentiques des châteaux et des principaux détenteurs. Caisses assorties aux choix l'acheteur de 6, 12, 24, 36 et 50 bouteilles.

LA ROCHELLE

Hôtel des Etrangers

BÉGUSSEAU, Propriétaire

Nouvellement restauré.

Offre aux voyageurs tout le confort possible.

Salons particuliers et pour familles.

Omnibus aux deux gares.

NANTES

Corio-Méléïne. — Le meilleur enduit pour la conservation, la souplesse et l'imperméabilité des cuirs. — Fabrique à Nantes, chez M{ms} BERRUYER, 20, rue Francklin ; à Paris, chez M. LEROUX, boulevard Voltaire, 85 ; à Bordeaux, dans les principales maisons de crépins et de fournitures pour la marine.

PARIS

Guides et Itinéraires pour les Voyageurs

Collection publiée par la librairie HACHETTE & Cie, sous la direction de M. ADOLPHE JOANNE, et constamment tenue à jour. —I. GUIDES DIAMANT. —Nouvelle série de Guides portatifs, contenant dans un pett format tous les renseignements nécessaires aux voyageurs.

II. GUIDES GRAND FORMAT. — La collection compète est composée de 92 Guides différents pour la France et l'étrangers. En vente dans les gares et chez les libres.

PRÉFAILLES

Préfailles, près de Pornic, à 60 kil. de Nantes. — Bains de mer et source ferrugineuse. L'eau de Préfailles est supérieure aux eaux de Vichy, de Spa, du Mont-Dore, etc.; elle est appelée à être la plus fréquentée de France. — Très efficace pour les maladies de peau.

ROYAN

BAINS DE MER DE ROYAN

GRAND HOTEL DE BORDEAUX

HOTEL DE FAMILLE

100 CHAMBRES & SALONS, DEPUIS 2 FRANCS

TABLE D'HOTE

DÉJEUNER, 3 FR. 50 ; DINER, 5 FR., EXCELLENT VIN ORDINAIRE COMPRIS

SERVICE PARTICULIER & A LA CARTE

PRIX MODÉRÉS & VARIANT SELON LES SAISONS

On se rend à Royan par Bateaux à vapeur. Départ quai des Quinconces; par Chemin de fer du Médoc des Charentes et de la Seudre. — Voir le livret CHAIX.

TABLE DES MATIÈRES

AF401199

LES TITRES

DES

3 6 3

QUI SE PRÉSENTENT

AU MÊME TITRE

SIMPLE, HONNÊTE & VÉRIDIQUE HISTOIRE

DE CE QUI S'EST PASSÉ

DU 8 MARS 1876 AU 25 JUIN 1877

RACONTÉE & EXPLIQUÉE A SES VOISINS

PAR

Jules-Louis BÉLONIE

CHARLEVILLE

IMPRIMERIE ET LITHOGRAPHIE DE AUGUSTE POUILLARD

LES

TITRES DES 363

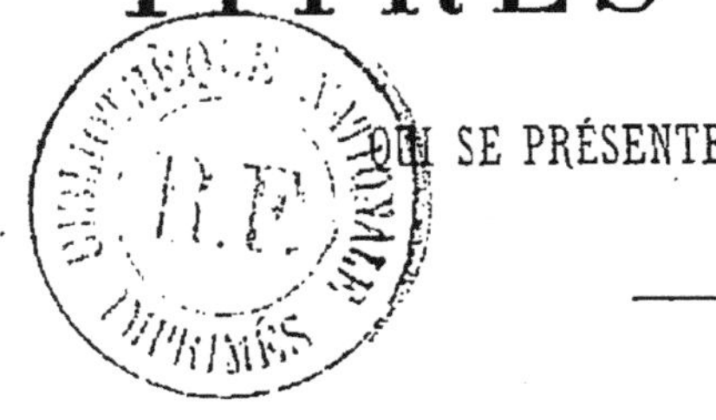

QUI SE PRÉSENTENT AU MÊME TITRE

———

Électeurs, prenez garde à vous !

Electeurs, prenez garde à vous !

Et n'allez pas croire, surtout, que ces cinq mots ne sont placés ici que comme un de ces titres trompeurs dont on abuse souvent, pour attirer votre attention sur un sujet indigne de la retenir.

Il s'agit bien véritablement de prendre garde — sérieusement, très-sérieusement, et aujourd'hui plutôt que demain ; car, demain, il serait peut-être trop tard.

Écoutez donc, je vous prie, la voix qui jette le cri d'alarme et ne haussez pas les épaules, à la vue du petit écrit que je vous offre.

Acceptez-le au contraire, et lisez-le — qui que vous soyiez et quel que soit votre *Credo* politique.

Lisez jusqu'au bout cette causerie ; ce ne sera pas une affaire de beaucoup de temps ni de beaucoup de patience, et vous ne le regretterez pas.

Votre lecture finie, vous reconnaîtrez, j'en suis sûr, que l'auteur avait le droit de terminer, comme il commence, en disant :

« Si j'ai écrit ces pages, dans lesquelles j'aurais
« voulu pouvoir mettre autant de talent, que je me
« suis efforcé d'y mettre de loyauté et de bonne foi,
« ce n'est pas à dessein d'être agréable à quelques-
« uns et désagréable à quelques autres, mais avec
« l'espoir d'être utile à tous.

« Ce n'est donc pas ici une réclame électorale, et
« encore moins une œuvre de parti, c'est-à-dire de
« passion et de mensonge.

« C'est le tableau fidèle de la situation qui a mo-
« tivé l'acte du 16 mai.

« C'est l'histoire simple, honnête et véridique des
« incidents qui ont précédé et amené la dissolution
« de la Chambre des députés.

« C'est enfin l'exposé et le résumé des enseigne-
« ments qui se dégagent de cette histoire. »

Ce que disent les 363 et leurs amis.

Electeurs, prenez garde à vous !

Jamais on n'a pu affirmer, avec plus de justesse
et de raison, que vous teniez le sort du pays entre
vos mains. Le sort du pays dépend, en effet, de ce
que vous écrirez sur les petits carrés de papier que
vous êtes appelés à déposer, bientôt, dans les urnes
électorales.

Vous avez à choisir, vous le savez, entre deux ca-
tégories bien distinctes de candidats.

D'un côté : — les anciens membres de la majorité
de la Chambre de 1876, qu'on appelle aujourd'hui
et qui s'appellent eux-mêmes « les 363. »

De l'autre : — les hommes qui se présentent à
vous, forts des sympathies du gouvernement, et dé-
cidés à soutenir sa politique constitutionnelle et
conservatrice.

Du côté des 363, on vous dit, dans les journaux,
dans les brochures, dans les conversations :

« La France, c'est nous.

« La Constitution, c'est nous.

« La République, c'est nous, — en chair et en os.

« Nous, les 363, nous sommes la paix, la prospé-
« rité, la lumière qui éclaire, le feu qui vivifie, le
« soleil qui dore les moissons.... »

Ils ne vont peut être pas tout-à-fait jusque-là ;
mais, en revanche, ils disent encore :

« Venez et restez à nous, vous tous qui aimez la
« France, la Constitution, la République ; vous tous
« qui avez besoin de l'ordre et de la paix pour tra-
« vailler et vivre. Venez et restez à nous ; car, les
« autres : c'est la Constitution violée et la Répu-

« blique renversée ; c'est le désordre, la guerre
« civile et la guerre étrangère, la ruine, la peste et
« l'invasion. »

Voilà ce que disent, ou à peu près, les 363 et
leurs amis.

Et ils ajoutent :

« Défiez-vous des autres, comme de vos pires
« ennemis. Défiez-vous de ces constitutionnels, de
« ces mac-mahoniens, de ces conservateurs.

« Il en est parmi eux qui envisagent avec effroi
« les progrès de la République, et l'intervalle qui
« les sépare de 1880 ; ils voudraient rapprocher
« l'échéance, et tenteraient peut-être volontiers, à
« tout hasard, et avec l'aide de la Providence, une
« restauration monarchique.

« Il en est d'autres qui recommandent le recours
« à la violence et le rétablissement de l'Empire par
« la force, comme la dernière ressource du parti
« conservateur.

« Ce sont, enfin, pour le plus grand nombre, des
« gens sans but politique déclaré, sans drapeau
« reconnaissable ; orléanistes découragés, parle-
« mentaires apostats, impérialistes sans le savoir,
« cléricaux, réactionnaires avant tout, qui n'ont
« qu'une pensée, qu'un espoir : c'est de forcer, par
« tous les moyens, honnêtes ou malhonnêtes, le
« suffrage universel à se détruire lui-même, en ren-
« voyant une Chambre en état de faire une guerre
« à mort à la République, aux principes de 1789,
« aux idées modernes, et même à l'Italie, pour réta-
« blir le pouvoir temporel du pape. »

*
* *

Tous, vous avez entendu dire ces choses ou de
semblables, et un certain nombre d'entre vous n'ont
pu s'empêcher de les croire et d'en être émus.

C'est pourtant le contraire qui est la vérité.

Continuez de lire, et vous l'allez voir.

La vérité. — Les étapes du 16 mai.

La vérité, qui va être opposée ici à ce que disent
les 363 et leurs amis, n'est pas une vérité de fan-

taisie, — une vérité factice créée et forgée de toutes pièces, pour les besoins de la cause.

C'est la vérité vraie, appuyée sur les faits, sur les constatations du *Journal officiel*, sur les documents authentiques.

Ecoutez donc.

On a prétendu que l'acte du 16 mai était une revanche du parti clérical et réactionnaire, — la revanche de l'échec qu'aurait infligé à ce parti le vote de l'ordre du jour Leblond sur les manifestations *dites* ultramontaines.

Rien n'est moins exact.

S'il n'a pas fallu grande habileté pour le prétendre, il a fallu une certaine dose de naïveté pour le croire ; et il faudrait beaucoup plus encore de crédule entêtement pour ne pas demeurer convaincu du contraire, quand on aura lu ce qui suit.

Les causes réelles et premières du 16 mai remontent aux élections mêmes du mois de février 1876, qui furent, dans un grand nombre de circonscriptions, le résultat d'une équivoque ou d'une surprise.

Il ne faudrait pourtant pas inférer de ce que je dis là que la pensée de la dissolution ait été arrêtée ou simplement conçue dès le lendemain de ces élections, et parce qu'elles avaient donné une majorité républicaine.

Au contraire.

Profondément pénétré du sentiment de ses devoirs constitutionnels, et loyalement décidé à les remplir, le Maréchal-Président de la République montra immédiatement, par ses actes, qu'il était résolu à compter avec cette majorité républicaine et à gouverner avec elle, dans l'esprit de la Constitution.

Les preuves n'en manquent pas.

*
* *

Battu sur le terrain électoral, le cabinet présidé par M. Buffet avait dû se retirer, et il s'agissait de former un nouveau ministère.

Ce ministère fut constitué le 9 mars, et, à une ou deux exceptions près, il était composé d'hommes appartenant aux fractions républicaines du Sénat et de la Chambre des députés.

A sa tête était M. Dufaure, entouré de MM. *Ricard*, Léon Say, Waddington, Christophle, Fourri-chon, etc.

C'était incontestablement un cabinet républicain, et un détail de sa composition était particulièrement à noter.

M. Buffet, ministre sortant de l'intérieur, n'avait pu être nommé ni sénateur, ni député.

M. Ricard, son successeur, était exactement dans le même cas.

Néanmoins, et comme pour mieux accentuer son désir de *bien vivre* avec la majorité qui tenait à M. Ricard, le Maréchal admit celui-ci au nombre de ses conseillers, et lui facilita les moyens d'être élu sénateur inamovible.

Comment la majorité répondit-elle aux bonnes dispositions, et, je pourrais presque le dire, aux avances du Président de la République ?

Assez froidement, ma foi ; avec la moue dédaigneuse de ces coquettes, toujours disposées à trouver qu'on n'en fait jamais assez pour leur plaire, et dont les exigences s'accroissent d'autant plus qu'on semble avoir bonne volonté de rester d'accord avec elles.

De fait, le ministère Dufaure fut bientôt en butte à des exigences qu'il ne pouvait accepter ni subir ; et il ne fallut pas beaucoup de perspicacité pour apercevoir, dès les premiers jours, qu'après avoir eu bien du fil à retordre et bien des couleuvres à avaler, il serait forcé, avant peu, de demander sa séparation de corps d'avec une majorité nerveuse, dans le mauvais sens du mot, acariâtre, incapable d'accorder rien de ce qu'on lui demandait de raisonnable, et affichant la prétention d'imposer à tout le monde ses caprices les moins justifiables et ses volontés les moins justifiées.

Onze fois, sur des petites questions et sur des grandes, le ministère Dufaure, qui n'allait pourtant pas au-devant des difficultés, essaya de lutter avec elle et de lui arracher quelques concessions.

Onze fois il fut battu, et le cabinet républicain dut se retirer devant la majorité républicaine, qui obéissait au mot d'ordre donné par la commission du budget, dont M. Gambetta était le président.

Durant toute la session de 1876, ce fut cette commission du budget, Comité de salut public en herbe, dirigé et mené par M. Gambetta, qui mena à son tour la majorité, et notamment le centre gauche, par le bout du nez.

Elle trouva moyen de se mêler à tout et de tout; elle s'appropria tous les pouvoirs, usurpa tous les droits, et réussit à exercer une sorte de dictature.

Elle alla jusqu'à vouloir modifier et abroger des lois existantes, de sa propre autorité, et sans le concours du Sénat ni même de la Chambre, en refusant au gouvernement les sommes nécessaires à l'exécution de ces lois.

C'est elle qui conduisit la campagne dont l'aboutissement fut, dans les premiers jours de Décembre, la retraite forcée du cabinet républicain présidé par M. Dufaure, à la suite d'une pitoyable discussion sur les enterrements civils.

Ce ministère avait donc eu neuf mois à peine d'une existence peu enviable.

M. Dufaure renversé — et c'était surtout à lui que la majorité en voulait — que fit le Président de la République, réduit à chercher de nouveaux conseillers ?

Se rebuta-t-il et essaya-t-il de les chercher en dehors de la majorité de la Chambre — dans la majorité du Sénat, par exemple ?

Non.

En Décembre, comme en Mars, il se laissa guider dans ses choix par l'intention de montrer une fois de plus, à la Chambre des députés, qu'il avait la volonté de faire non pas seulement l'essai, mais la pratique la plus loyale et la plus large de la Constitution.

Il avait pu retenir le plus grand nombre des membres du cabinet Dufaure. Pour compléter le conseil, il en donna la présidence à M. Jules Simon, avec le ministère de l'intérieur, et appela M. Martel au ministère de la justice.

Ce n'était plus seulement le centre gauche ; c'était la gauche même qui entrait au conseil — et pour le présider.

Que pouvait donc désirer de plus la majorité de la Chambre, en présence de cette concession nouvelle qui parut exagérée — et non sans raison — aux conservateurs, payés pour se défier?

Ce n'était pas assez. Et cependant, à moins de prendre M. Gambetta ou M. Louis Blanc, il était impossible d'aller plus loin.

Le centre gauche s'en serait peut-être contenté, mais il ne s'appartenait déjà plus.

Les fils servant à faire mouvoir le centre gauche avaient passé dans les mains de M. Gambetta, sans qu'on puisse dire s'il avait réussi à les prendre ou à se les faire donner.

Or, un ministère Jules Simon, Martel, etc., ne faisait pas encore l'affaire de M. Gambetta, qui est d'arriver à annihiler le Président de la République, en attendant qu'il arrive lui-même à la Présidence.

Il fut donc arrêté qu'on agirait avec M. Jules Simon, comme on avait agi avec M. Dufaure, qu'on le mettrait en échec, qu'on le bafouerait....

Et ce qui avait été arrêté fut fait, et avec le concours du centre gauche, encore.

*
* *

— Mais, allez vous peut-être vous récrier, ami lecteur, est-ce bien la vérité vraie que vous nous racontez là, comme vous nous l'avez promise?

— La pure vérité, toute la vérité, rien que la vérité, et avec preuves à l'appui.

*
* *

Les preuves, les voici :

A raison de certains incidents survenus à Bordeaux, au commencement de 1871, il y a plus que du froid entre M. Jules Simon et M. Gambetta.

S'ils votent généralement dans le même sens, personnellement ils ne s'aiment guère.

Il devint nécessaire, en 1877, de nommer une commission du budget.

Celle de 1876, on se le rappelle, avait été présidée

par M. Gambetta; et M. Jules Simon aurait voulu, pour tout au monde, que celle de 1877 fût présidée par un autre.

M. Gambetta n'en fut pas moins nommé président de la commission de 1877.

Arriva la grande interpellation sur ce qu'on a pompeusement appelé « les manifestations ultramontaines » pour cacher une autre pensée.

M. Jules Simon, en répondant à M. Leblond, l'interpellateur, trouva de nobles et énergiques paroles, pour défendre la Religion et la politique du gouvernement dont il avait l'honneur de faire partie.

M. Gambetta répliqua à M. Jules Simon. Il joua avec lui comme un chat avec une souris, et ne le lâcha que meurtri, laissant mainte empreinte sanglante de sa griffe sur la personne du ministre et sur le maroquin de son portefeuille.

M. Jules Simon voulut contre-répliquer, à son tour; mais il ne retrouva plus les nobles et énergiques accents de la veille, et sembla plutôt parler pour atténuer et retirer ce qu'il avait dit. La griffe qui s'était posée, menaçante, sur son portefeuille, lui avait enlevé ses moyens.

Il fallait un vote pour terminer le débat, et deux ordres du jour étaient proposés.

L'un — celui de M. de Tocqueville — donnait acte au gouvernement de ses déclarations, et exprimait la *confiance* de la Chambre.

L'autre — celui de M. Leblond — n'était qu'une injonction impérieuse, attestant un défaut de confiance.

L'ordre du jour de M. de Tocqueville, celui qui exprimait la confiance, fut repoussé avec le concours des voix du centre gauche ; et l'autre adopté, avec le concours des mêmes voix.

Le ministère était donc en échec, et le centre gauche y avait contribué.

Passons maintenant à la loi sur la presse.

Cette loi avait pour objet de soumettre à la compétence du jury tous les délits de la presse, même ceux commis contre les particuliers, la calomnie, la diffamation, etc.

Vous voyez d'ici ce qui arriverait, n'est-ce pas, avec une loi pareille.

Il n'y aurait plus de justice.

Des jurés républicains ne condamneraient jamais des journaux républicains ; ni des jurés bonapartistes, des journaux bonapartistes. On acquitterait toujours ses amis, et on condamnerait toujours ses adversaires au maximum.

Je ne veux pas dire du mal du jury, mais enfin, ce serait comme cela.

Eh bien ! M. Jules Simon ne voulait pas de cette loi-là ; il avait même été convenu, en conseil des ministres, qu'il y ferait opposition, parce que le gouvernement tout entier la trouvait mauvaise et détestable.

Seulement, M. Jules Simon ne put pas ou ne voulut pas parler, et la loi fut votée par la majorité, y compris le centre gauche.

Le ministère était donc encore en échec, et le centre gauche y avait encore contribué.

Pareille aventure se reproduisit à propos de la loi municipale.

Il s'agissait de rendre les séances des conseils municipaux publiques, comme l'audience du juge de paix, ou le marché à la criée.

Vous voyez encore cela d'ici, n'est-ce pas ?

Les séances du conseil étant publiques, tout le monde voudrait parler et pérorer, pour que les voisins et les amis l'entendent. Paul pérorerait pour répondre à Pierre, qui aurait péroré. Tout le monde demanderait et prendrait la parole ; on finirait par se disputer, pour la galerie, et, de fil en aiguille, il ne serait pas du tout impossible que l'assistance, y compris les femmes, se mît de la partie.

Aussi, le gouvernement n'en voulait à aucun prix, et M. Jules Simon, pas plus que ses autres collègues du cabinet.

C'est même à lui que revenait, en sa qualité de ministre de l'intérieur, de monter à la tribune pour combattre cette ridicule, mauvaise et dangereuse innovation.

Il monta bien à la tribune, mais il ne combattit

la proposition que du bout des lèvres, et si peu, si peu... que la majorité, y compris le centre gauche, l'adopta d'emblée.

Le ministère était donc toujours en échec, et le centre gauche y contribuait toujours.

Et cela se passait vers la fin de la première quinzaine de Mai.

Le 16 Mai.

Nous voici arrivés au 16 Mai.

Justement ému de voir le ministère Jules Simon battu en brèche et à plates coutures, comme le ministère Dufaure, le Maréchal en vint à se poser les deux questions suivantes :

« Que veut donc, en définitive, cette majorité ?

« M. Jules Simon, mon président du conseil des « ministres, a-t-il la confiance de la majorité, et « possède-t-il l'influence nécessaire pour faire pré-« valoir ses vues dans la Chambre ? »

Vous conviendrez que les échecs multiples de M. Jules Simon étaient bien faits pour inspirer des doutes sérieux au Maréchal.

Aussi, le Maréchal, voulant les éclaircir, écrivit à M. Jules Simon, le 16 Mai, une lettre dans laquelle il posait à celui-ci les deux questions qu'il s'était posées à lui-même, et l'invitait à venir s'expliquer avec lui.

Pour toute réponse, et pour toute explication, M. Jules Simon envoya sa démission, qui fut acceptée et qui devait l'être.

*
* *

Voilà de nouveau le Maréchal réduit à chercher huit à dix hommes, disposés à l'aider à gouverner.

A qui auriez-vous voulu qu'il s'adressât.

A M. Dufaure ? — Il aurait éprouvé un refus.

A M. Gambetta ? — Vous savez bien que ce n'était pas possible.

Il forma donc le ministère de Broglie-Fourtou, dans lequel se rencontrent des hommes honorables et marquants de tous les partis, ce qui ne permet guère à personne de dire que le Maréchal veut favoriser un de ces partis, à l'exclusion et au détriment des autres, sans même en excepter le parti républicain.

*
* *

Jusqu'à présent je n'ai fait que raconter, il faut maintenant que nous discutions un peu.

Au lendemain du 16 mai, on a dit, écrit, imprimé et colporté :

Que le Président de la République n'avait pas, *constitutionnellement,* le droit de renvoyer un ministère qui ne s'était pas trouvé en minorité devant la Chambre des députés ;

Qu'il n'avait pas davantage le droit de prendre un nouveau ministère en dehors des groupes représentant les idées de la majorité de cette même Chambre ;

Qu'il n'avait pas de responsabilité personnelle, ni le droit d'en avoir ou d'en parler ;

Qu'il avait donc eu le plus grand tort d'insérer, dans sa lettre à M. Jules Simon, la phrase suivante : « Si je ne suis pas responsable comme vous, envers « le Parlement, j'ai une responsabilité envers la « France, dont, aujourd'hui plus que jamais, je dois « me préoccuper ; »

Qu'il visait donc à rétablir et à usurper le pouvoir personnel ;

Que l'avènement du ministère de Broglie-Fourtou était le triomphe du cléricalisme, l'acheminement à un coup d'Etat, à la guerre, etc...

Ceux qui ont dit, écrit, imprimé et colporté pareilles choses, ont dit, écrit, imprimé et colporté des erreurs, des hérésies constitutionnelles, des mensonges, des calomnies.

Si vous voulez m'accorder quelques minutes de bienveillante attention, vous allez voir ce qu'il en restera.

Rien ; moins que rien.

Le Président n'avait pas le droit, dit-on, de renvoyer un ministère qui n'avait pas été mis en minorité devant la Chambre des députés.

Peu de lignes suffisent à répondre.

Ce n'est pas une fois, mais dix, que le ministère, en la personne de M. Jules Simon et de quelques autres de ses collègues, a été fait « *échec et mat* » par la majorité de la Chambre, et notamment :

Lors de la nomination du président de la commission du budget ;

Lorsque la majorité a préféré l'ordre du jour Leblond, qui excluait la confiance, à l'ordre du jour de Tocqueville, qui l'admettait ;

Lorsqu'elle a attribué la connaissance des délits de presse au jury, contre l'avis du cabinet ;

Lorsqu'elle a décrété la publicité des séances des conseils municipaux, également contre l'avis du cabinet et malgré l'opposition de M. Jules Simon lui-même.

Le Maréchal avait, dès lors, les plus sérieuses raisons, en droit et en fait, d'agir comme il a agi.

Il en avait d'autres dont nous parlerons plus loin, et dont la principale est que le cabinet était devenu, à son insçu peut-être, le complaisant du radicalisme et l'instrument docile de l'un des pouvoirs contre les deux autres — de la Chambre des députés contre le Sénat et le Président.

Le Président, dit-on encore, *n'avait pas le droit de prendre des ministres ne représentant pas les idées de la majorité de la Chambre des députés.*

Aussi peu de lignes suffiront encore.

Cette allégation est la plus inconstitutionnelle de toutes.

Elle suppose à tort que la Chambre des députés est tout — le Sénat et le Président, rien.

Etablis par la Constitution, comme la Chambre des députés, le Président et le Sénat ont aussi leurs prérogatives et leur voix au chapitre.

Le Président a le droit d'avoir une opinion et des préférences.

Il a le droit surtout, quand il est en désaccord avec la Chambre des députés, de se retourner vers le Sénat — et quand il est d'accord avec celui-ci, de gouverner avec lui.

Soutenir le contraire équivaudrait à affirmer, en

violation des principes constitutionnels, que la Chambre des députés représente seule la nation, qu'elle a seule le droit de choisir les ministres; qu'elle peut annihiler et absorber les deux autres pouvoirs, réduire le Sénat à zéro, et transformer le Président en un automate dont elle aurait seule la faculté de régler les mouvements.

S'il en était ainsi, la Chambre des députés deviendrait une véritable Convention, et la Constitution n'a pas voulu qu'elle en pût devenir une.

Le Maréchal avait donc le droit constitutionnel de composer son ministère comme il l'a fait, puisqu'il était d'accord avec le Sénat, avec un autre des trois pouvoirs publics, contre le troisième qui tendait à se mettre en dehors et au-dessus de la Constitution.

Quant à sa responsabilité personnelle devant le pays, elle existe réellement, puisque la Constitution lui a créé des devoirs, accordé des pouvoirs et laissé uee grande liberté d'action, qui ne se comprendraient pas sans une responsabilité quelconque, ne fût-elle que morale.

Du moment que sa responsabilité existe, il avait donc le droit d'en parler et de s'en prévaloir; et il est absurde, autant que calomnieux, de dire qu'en en parlant, et en s'en prévalant, il vise à rétablir en sa faveur une sorte de pouvoir personnel.

Restons-en là, pour le moment, en fait de réfutations, si vous le voulez bien. Nous aurons, tout-à-l'heure, l'occasion d'en reprendre le cours, après avoir un peu parlé des événements qui suivirent le 16 mai.

Après le 16 Mai.

La lettre du Maréchal et la démission de M. Jules Simon qui s'ensuivit provoquèrent une explosion de colère de la part de la majorité de la Chambre.

C'était un mercredi, et, suivant l'usage, la Chambre ne siégeait pas.

Des conciliabules furent tenus pendant la journée; et une réunion de toutes les fractions de la gauche convoquée pour le soir, au Grand-Hôtel.

Il fut un moment question que le centre gauche. n'assisterait pas à cette réunion ; mais cette bonne résolution ne tint pas, et le centre gauche répondit à l'appel de M. Gambetta qui lui faisait l'honneur de l'admettre à sa cour plénière.

Seul, M. Gambetta parla à la réunion, et il lui fit adopter un projet d'ordre du jour qui devait être voté le lendemain, à Versailles, en séance publique et à la suite d'une interpellation dont on régla le programme.

Cet ordre du jour commençait par affirmer la théorie inconstitutionnelle de la prépondérance de la Chambre des députés et finissait par déclarer que « la confiance de la Chambre ne saurait être acquise « qu'à un cabinet résolu à gouverner suivant les « principes républicains, etc. »

Il fut dit alors, répété le lendemain et encore plus tard, que le Maréchal était tenu de gouverner, non-seulement suivant les principes républicains, mais avèc des hommes appartenant à *toutes les nuances* du parti républicain.

Retenez bien ces « *nuances* » je vous prie, car nous en reparlerons.

Le lendemain, 17 mai, à la séance publique, eut lieu l'interpellation préparée la veille, et à laquelle il ne fut pas répondu par cette double raison : — que les ministres démissionnaires étaient absents et que leurs successeurs n'étaient pas encore nommés.

On vota néanmoins l'ordre du jour délibéré au Grand-Hôtel, par 355 voix contre 154, et on remit au lendemain toutes les autres affaires.

C'était naturellement M. Gambetta qui avait pris la parole et recommencé son discours de la veille, en y ajoutant la fameuse phrase à effet : que « si la « dissolution venait à être prononcée, ce serait la « préface de la guerre. »

Le lendemain 18, les colères de la majorité ne connurent plus de bornes, quand la composition du ministère fut publiée, et les futurs 363, réunis en permanence, décidèrent qu'une nouvelle interpellation aurait lieu le jour même, au début de la séance publique.

La demande d'interpellation fut en effet déposée ; mais, aussitôt après son dépôt, M. de Fourtou monta à la tribune pour y lire un Message présidentiel et un décret qui ajournait le Parlement au 16 juin, en vertu de la loi organique du 16 juillet 1875.

Il n'y avait plus qu'à se séparer, et on quitta la séance en se donnant rendez-vous : pour le soir, à Paris — et à Versailles, pour le 16 juin.

Dans l'assemblée extra-parlementaire tenue le soir même, on rédigea un manifeste à la France, au bas duquel le centre gauche apposa ses signatures, à côté de celles des plus intransigeants de l'extrême gauche.

Entre autres choses, toutes fort discutables, ce manifeste énonçait de nouveau, en opposition à la vérité, que le Président de la République avait congédié, sans discussion, un cabinet « qui n'avait « jamais perdu la majorité dans aucun vote. »

Vous avez déjà vu, et deux fois, le contraire.

Le manifeste déniait, en outre, le droit constitutionnel du Président et protestait contre l'usage qu'il en avait fait.

C'était tout naturel.

Mais passons, et arrivons au 16 juin, au jour fixé pour la rentrée du Parlement. Il vaut mieux terminer le récit des faits tout de suite, pour reprendre, sans les interrompre encore, la discussion et la réfutation.

*
* *

On pouvait espérer qu'après un mois passé dans le calme et dans la réflexion, la majorité reviendrait à Versailles, avec moins de colères, moins d'idées préconçues et belliqueuses.

Il n'en fut malheureusement rien. — Telle elle était partie, telle ou pire elle revint, — moins disposée que jamais à des accommodements.

Loin de là, ses mandataires et ses chefs annonçaient à l'avance qu'on commencerait par discuter l'interpellation, dont la demande avait été déposée le 18 mai ; qu'on voterait un ordre du jour écrasant pour le ministère, qu'on l'excommunierait, et que, s'il refusait de se retirer, on refuserait de voter le budget et l'impôt.

C'était fort grave, n'est-ce pas ; et, qui pis est, tout se passa comme on l'avait annoncé.

Le gouvernement menacé ne s'en tint pas alors à la défensive, et, le jour même où la Chambre des députés se réunissait, il demandait au Sénat l'autorisation de la dissoudre.

Vous savez tous ce qui advint.

La discussion sur l'interpellation dura trois longs jours à la Chambre des députés ; et celle sur la dissolution, trois jours au Sénat. C'est-à-dire que les deux discussions se succédèrent, en se confondant presque, et n'en firent qu'une qui dura six jours.

Je ne vous rappellerai pas les détails de ces longs et solennels débats, présents encore à vos esprits.

Je ne vous rappellerai pas davantage les noms des orateurs qui y ont pris part. Vous vous en souvenez et n'ignorez pas que M. Gambetta ouvrit le feu, comme toujours, et reparut dans la mêlée, à plusieurs reprises, pour l'animer.

J'ajouterai seulement que les orateurs du centre gauche, personnages à peu près muets jusqu'alors, abordèrent la tribune et prirent part à l'action, conformément au plan arrêté par le généralissime Gambetta.

Mais si je n'ai pas l'intention, comme vous le pensez bien, de vous redire tout ce qui a été dit de part et d'autre, il est cependant utile de résumer l'ensemble des accusations portées contre le Maréchal et contre le ministère.

C'est facile et courte besogne, car tous les orateurs des gauches réunies n'ont guère fait que se répéter, les uns après les autres ; l'analyse d'un quelconque de leurs discours est l'analyse de tous les autres, et cette analyse peut tenir en quelques lignes.

Tout peut se réduire, en définitive, à ceci, que vous connaissez déjà pour l'avoir lu plus haut :

1° Le Maréchal n'avait pas le droit de faire ce qu'il a fait ;

2° Il a troublé le pays sans utilité, et veut y rétablir la domination du clergé ;

3° Il s'associe, avec son ministère, aux menées ultramontaines, et il a envie de faire la guerre au roi d'Italie, en faveur du Pape ;

4° Son ministère a des tendances cléricales, qui finiront par nous brouiller avec l'Allemagne ;

5° On veut renverser la République, abrutir les populations et mutiler le suffrage universel; rétablir l'Empire, ou la monarchie légitime avec Henri V, ou la monarchie constitutionnelle avec les princes d'Orléans, — ou peut être même ces trois monarchies à la fois ;

Etc., etc.

Le plus triste, c'est qu'on a mêlé l'étranger à ces débats, et qu'on n'a pas même hésité à y verser, comme documents de valeur et aussi comme menaces, des articles de gazettes étrangères, allemandes et autres.

C'était insuffisamment digne et médiocrement patriotique.

*
* *

Je vous ai déjà démontré, chemin faisant, que le président de la République n'avait fait, au 16 mai, comme avant et depuis, qu'user de son droit constitutionnel ; il me sera tout aussi facile de vous démontrer de même qu'il n'en pouvait user plus opportunément, ainsi que l'ont prouvé, avant moi et beaucoup mieux que moi, les différents ministres dont vous avez certainement lu les discours.

Vous me demanderez peut-être pourquoi je ne vous parle pas de ces discours, dans lesquels les ministres ont répondu à ce que j'appelais, plus haut, les erreurs, les hérésies, les mensonges et les calomnies des orateurs des gauches.

Eh mon Dieu! c'est bien simple : d'abord, vous connaissez ces discours. Ensuite, j'ai peut-être mieux à vous offrir.

— Mieux?

— Oui, mieux. Quelques-uns d'entre vous pourraient m'objecter que des discours ne sont que des

discours, des paroles, et qu'autant en emporte le
vent. Vous savez bien qu'on raconte que les paroles
sont des femelles et que les écrits sont des mâles.
Eh bien ! j'ai des *preuves mâles* à vous donner, des
écrits officiels, et établissant, jusqu'à la plus palpa-
ble évidence, que tout ce qu'on dit les orateurs des
gauches ressemble à la vérité et à la justice,
comme vous et moi ressemblons.... à des nègres.
— Vous permettez, n'est-ce pas, vous, monsieur,
qui avez l'air de rire.

— Mais certainement, je permets, et ne demande
pas mieux que d'être convaincu. Seulement, je vous
préviens que je suis difficile à entortiller ; et, par la
même occasion, puisque vous avez parlé de couleurs, je vous préviens aussi que je suis blanc....
de peau seulement, mais pas en politique. Je suis
républicain....

— Ah ! vous êtes républicain... notez bien que je
ne vous ne le demandais pas : d'abord parce que cela
ne me regarde pas ; et ensuite, parceque cela ne
peut avoir aucune influence sur ce que j'ai à vous
dire. Je suis pourtant bien aise de le savoir, et
commence par vous déclarer que je n'y vois aucun
mal, absolument aucun, et que ce n'est pas moi qui
chercherai à vous en détourner ou à vous convertir ;
surtout si, comme je le crois, vous êtes un républicain tel que je les aime : respectant le bien et la
femme du voisin, et n'empêchant pas la sienne
d'aller à la messe ; ne disant pas de mal des curés
et n'en voulant pas aux gendarmes, sans savoir
ponrquoi....

— Oh ! vous savez : j'ai mes opinions, mais je ne
suis pas un communard, ni du bois dont on en fait.
J'ai besoin de la tranquilité, comme tout le monde,
pour travailler et élever ma famille.... Seulement,
l'ordre moral, voyez-vous....

— Ne vous moquez donc pas de l'ordre moral, je
vous en prie. C'est le commencement, et comme les
fondations, de l'ordre matériel — c'est-à-dire de cette
tranquillité si nécessaire à vous et à tous. Et puisque
vous m'avez dit que vous étiez républicain de la
bonne façon, laissez-moi continuer, et je vais vous

prouver que votre République, loin d'avoir couru
des dangers au 16 Mai et d'en courir, ne peut, au
contraire, qu'y gagner. Vous devez avoir servi, si
je ne me trompe pas ?...

— Oui. — Crimée et Italie.

— Vous connaissez le Maréchal, alors. Croyez-
vous que ce soit un honnête homme ?

— Pour cela, oui.

— Eh bien ! écoutez ce qu'il a dit et signé, ou
plutôt lisez le petit chapitre qui suit. Vous verrez
que c'est franc et clair, comme une lame d'épée.

Les paroles sont des femelles et les écrits sont des mâles. — Le gouvernement ne veut ni faire de coup d'Etat, ni réviser la Constitution, ni renverser la République.

Aux femelles, c'est-à-dire aux paroles des orateurs de la gauche, voici ce que répondent les mâles,
c'est-à-dire les écrits du Maréchal.

On prétend que l'acte du 16 mai a été accompli
pour détruire la République, soit par un coup d'Etat,
soit à l'aide d'une révision anticipée de la Constitution.

C'est insulter le Maréchal, qui a déclaré :

« Je n'en reste pas moins, aujourd'hui comme
« hier, *fermement résolu à respecter et à maintenir les*
« *institutions* qui sont l'œuvre de l'Assemblée de qui
« je tiens le pouvoir, et *qui ont constitué la Répu-*
« *blique*. Jusqu'en 1880, je suis le seul qui pourrais
« proposer d'y introduire un changement, et je ne
« médite rien de ce genre. » *(Message du 18 mai.)*

« La France veut, *comme moi, le maintien des insti-*
« *tutions* qui nous régissent. » *(Message du 16 juin.)*

M. de Broglie a reproduit ces déclarations, dans
sa circulaire aux procureurs généraux, en ajoutant :

« Rien n'étant changé, *ni dans les lois constitution-*
« *nelles*, ni dans aucune autre, je n'ai rien à changer
« non plus aux instructions qui vous ont été adres-
« sées *sur le respect qui leur est dû*... »

Dans sa remarquable circulaire, M. de Fourtou

a confirmé tout ce qui précède, et dit, à son tour, que le Maréchal avait accompli l'acte du 16 Mai, « en « affirmant bien haut, avec l'autorité qui s'attache à « sa parole, *que le respect des institutions qui nous* « *régissent serait la base constante de sa politique.*

« Le programme du gouvernement ferme, jus-« qu'en 1880, l'arène aux compétitions rivales, par « *la fidèle et stricte observation de la première loi du* « *pays.* D'ailleurs, le parti conservateur s'est toujours « honoré en respectant les institutions régulière-« ment établies. Il lui appartient de donner, le pre-« mier, l'exemple de *l'observation sincère et loyale des* « *lois par lesquelles l'Assemblée nationale a constitué la* « *République.*

« Vous aurez donc soin, monsieur le préfet, de « bien fixer à cet égard l'opinion publique. »

On ne pouvait pourtant pas mieux parler et tenir un langage plus sensé, plus intelligent, plus patrio-tique, plus conciliant et plus rassurant pour tout le monde ; mais on a bien raison de dire qu'il est plus facile d'empêcher la rivière de couler que les mau-vaises langues d'aller.

Tous les Basile du radicalisme ont continué à faire leur vilain métier et à crier de plus belle que tout était perdu — la Constitution et la République — et que nous allions vivre sous le gouvernement des curés.

• Alors, le Maréchal, qui n'aime pas beaucoup à causer en public, mais qui ne veut pas non plus qu'on le fasse passer pour un malhonnête homme, a profité de ce qu'il était à Bourges, le 28 juillet, pour s'expliquer carrément, et une bonne fois pour toutes.

En réponse aux paroles de bienvenue du maire de la ville, il a prononcé — afin que toute la France l'entendît — le discours suivant, que vous avez déjà lu, bien sûr, mais qu'il faut relire :

« Monsieur le maire,

» Je suis heureux d'avoir pu visiter la ville de Bourges, et je me sens vivement touché de l'accueil que j'y reçois. J'en remercie les habitants et le dé-partement du Cher tout entier.

« Vous m'apportez en son nom des témoignages de confiance qui me sont aujourd'hui particulièrement précieux. Ils m'encouragent à suivre la politique que vous venez de définir.

« A l'extérieur, maintenir la paix ; *au dedans, marcher sur le terrain de la Constitution, à la tête des hommes d'ordre de tous les partis*, les protéger, non-seulement contre les passions subversives, mais contre leurs propres entraînements, réclamer d'eux qu'ils fassent trêve à leurs divisions pour écarter le radicalisme, qui est notre commun péril.

« Voilà mon but, et je n'en ai jamais eu d'autre.

« *On a accusé mes intentions et dénaturé mes actes ; on a parlé de relations extérieures compromises, de Constitution violée, de liberté de conscience menacée. On est allé jusqu'à évoquer le fantôme de je ne sais quel retour aux abus de l'ancien régime, de je ne sais quelle influence occulte, que l'on appelle le gouvernement des prêtres.*

« CE SONT LA AUTANT DE CALOMNIES. Le bon sens public en a déjà fait justice en France et à l'étranger.

« Elles ne me décourageront pas un instant. Elles ne m'empêcheront pas d'achever ma tâche avec le concours des hommes qui ont été dans le pays des auxiliaires dévoués de ma politique.

« J'ai la confiance, d'ailleurs, que la nation répondra à mon appel et qu'elle voudra, par le choix de ses nouveaux mandataires, mettre fin à un conflit dont la prolongation ne pourrait que nuire à ses intérêts et entraver le développement pacifique de sa grandeur. »

Voilà des paroles qui valent tous les écrits du monde. Ce sont encore des mâles.

Le Gouvernement ne veut pas la guerre.

On prétend que l'acte du 16 Mai a été accompli avec le dessein de modifier notre politique extérieure, et de lancer la France dans des aventures belliqueuses, notamment avec l'Italie, sous l'influence de ce qu'on appelle le cléricalisme.

Le Maréchal répond :

« Je veux qu'il soit bien compris que j'entends
« *maintenir,* avec les puissances étrangères, *les rela-*
« *tions confiantes et amicales* que vous avez su entre-
« tenir avec elles. Nulle atteinte ne doit y être portée,
« et *rien ne doït être changé* à la politique extérieure
« que vous représentez si habilement et si digne-
« ment. »   (*Lettre du 17 mai au duc Decazes, ministre*
des affaires étrangères.)

« Mon gouvernement veillera à la paix publique,
» au dedans ; *il ne souffrira rien qui le compromette au*
« *dehors. Elle sera maintenue,* j'en ai la confiance,
« malgré les agitations d'une partie de l'Europe,
« grâce aux bons rapports que nous entretenons et
« voulons conserver avec toutes les puissances, et
« à cette politique de neutralité et d'abstention qui
« qui vous a été exposée tout récemment, et que
« vous avez confirmée par votre approbation una-
« nime. Sur ce point, aucune différence d'opinions
« ne s'élève entre les partis : ils veulent tous le
« même but par les mêmes moyens, Le nouveau
« ministère pense exactement comme l'ancien et,
« pour bien attester cette conformité de sentiments,
« la direction de la politique étrangère est restée
« dans les mêmes mains. *Si quelque imprudence de*
« *parole ou de presse compromettait cet accord que nous*
« *voulons tous, j'emploierais, pour les réprimer,* les
« moyens que la loi met en mon pouvoir... »
(*Message du 18 mai.)*

« L'acte politique que je viens d'accomplir n'a
« d'autre but que de rendre à mon gouvernement la
« la force dont il a besoin pour assurer la stabilité
« intérieure et *la paix au dehors.* Vous pouvez
« compter sur ces bienfaits.

« La France ne se mêlera *à aucune complication*
« *extérieure ;* personne, en Europe, ne doute de ma
« parole, et j'en reçois chaque jour l'assurance. »
(*Discours de Compiègne.)*

« Des rumeurs de toute nature sont propagées
« avec une activité systématique, par toutes les
« voix publiques et secrètes, dans le dessein d'in-
« quiéter le pays sur les relations du gouvernement

« avec les puissances étrangères et sur le maintien
« de la paix, ce bien inestimable qui lui est plus que
« jamais cher, après tant de malheurs. Il faut dé-
« masquer, à tout prix, cette conspiration de la ca-
« lomnie, qui se fait un jeu de paralyser les affaires,
« d'arrêter l'élan de la prospérité publique, au risque
« d'amener elle-même les dangers dont elle menace.
« Car rien ne serait plus propre à troubler nos bons
« rapports avec les puissances alliées que de faire
« croire, contrairement à toute vérité, qu'il existe
« en France une secte où un parti assez criminel
« pour vouloir déchaîner sur l'Europe les maux
« d'une nouvelle guerre. »

(Circulaire aux procureurs généraux.)

Il ne faut pas oublier que le gouvernement avait
réfuté, dès la première heure, les assertions inexac-
tes des 363, et des journaux qui leur servent d'or-
ganes, en faisant afficher, dans toutes les communes
de France, la liste des nouveaux ministres, et en la
faisant suivre des déclarations suivantes :

« La politique de M. le Président de la Républi-
« que se résume en deux mots :

« A l'intérieur, l'ordre public rigoureusement
« maintenu ;

« AU DEHORS, LA PAIX SCRUPULEUSEMENT SAUVE-
« GARDÉE ;

« Le gouvernement dirigera tous ses efforts vers
« ce double but, que lui commandent à la fois les
« intérêts et les vœux de la nation.

« Le maréchal de Mac-Mahon compte, pour le
« seconder dans cet acte patriotique, sur la sagesse
« de tous les bons citoyens. »

Et le Cléricalisme ?

Parlons-en un peu, mais pas trop ; car tout ce
que les 363 et leurs amis ont dit à ce sujet est assez
dénué de raison et de vérité, pour qu'il n'y ait pas
lieu de s'attarder à une longue réfutation.

Ils prétendaient que le Maréchal, entraîné par les

menées cléricales, avait fait le 16 mai pour pouvoir faire la guerre.

Vous avez vu ce qu'il en fallait croire, et vous vous rappelez certainement ces phrases du Message du 18 mai :

« *Mon gouvernement ne souffrira rien qui compro-* « *mette la paix au dehors.*

« *Si quelque imprudence de parole ou de presse com-* « *promettait cet accord* (la paix) *que nous voulons tous,* « *j'emploierais, pour les réprimer, les moyens que la loi* « *met en mon pouvoir.* »

Vous vous rappelez aussi le discours de Bourges, du 28 juillet, que vous venez de lire.

C'est assez clair pour que je puisse me dispenser de rien ajouter.

Est-ce que, d'ailleurs, ceux qu'ils appellent les cléricaux ont jamais désiré la guerre ou poussé le gouvernement à l'entreprendre, même pour réaliser leurs vœux les plus chers ?

Est-ce que vous en avez jamais vu ou entendu ?

Il n'y a pas bien longtemps que l'évêque de Nancy écrivait dans un mandement :

« *Nous prierons pour la France, qui n'a pas besoin,* « *à l'heure qu'il est, de compliquer sa situation, et d'a-* « *jouter aux préoccupations qui lui viennent du dehors.* « *Il lui faut* LA PAIX *et le calme...* »

C'est encore assez clair.

Et tenez : Voulez-vous que je vous le dise ?..... Cette évocation, par les 363 et leurs amis, du prétendu péril que le cléricalisme ferait courir à la France en face de l'étranger, n'est qu'une mauvaise tactique, une misérable manœuvre dirigée contre la religion et l'esprit religieux.

Elle est bien misérable, en effet, la manœuvre ; car elle consiste surtout en ceci : — Menacer le gouvernement des colères de M. de Bismarck, s'il n'imite pas M. de Bismarck, en persécutant la religion et ses ministres, pour complaire aux libres-penseurs, amis des 363.

Singuliers Français, vraiment, que ceux-là ! Et comme M. Dufaure les connaissait bien quand, à la séance du 25 novembre 1876, il leur jetait, par trois fois, cette dure apostrophe : « *Vous vivez dans un* « *monde qui est étroit, qui est exclusif, et qui vous em-* « *pêche de connaître le pays.* »

Et puisque j'ai eu l'occasion de parler de M. Dufaure et de cette séance du 25 novembre, j'ai bien envie de copier ici quelques passages du discours qu'adressait à la défunte majorité l'honorable garde des sceaux.

Après avoir montré qu'il n'y avait rien de sérieux dans toutes ces allégations de cléricalisme dont on fait un si déplorable abus, l'éloquent orateur ajoutait :

« On nous a dit : Au point de vue de l'extérieur, « quel sort faites-vous à la France ? Elle est seule « ou presque seule nation catholique en Europe. Il « lui faut alors renoncer à toute alliance. Voyez son « avenir.

« J'entends, je l'avoue, avec quelque peine, repré- « senter notre pays comme s'il était complétement « isolé, comme s'il était dépourvu de toute sympa- « thie....

« Messieurs, *je vous prie d'être une nation qui s'ap-* « *partienne et de ne pas demander au monde quelles* « *doivent être vos opinions et votre Constitution, sous le* « *rapport de la foi religieuse, comme sous le rapport de* « *la foi politique.* »

. . . .

« Nous voulons vivre en paix avec tout le monde. « Oui, avec tout le monde, et sincèrement ; *mais nous* « *ne voulons pas que personne intervienne chez nous pour* « *nous conduire d'une manière ou d'une autre, soit à des* « *institutions politiques, soit à une foi religieuse qui ne* « *nous conviendraient pas.* »

Bonne réponse, pas vrai ? Bien pensée et bien exprimée. Mais ils ne l'ont pas entendue ou pas comprise, et ils ont continué à dire en 1877 ce qu'ils disaient en 1876, de sorte qu'il est nécessaire de leur rappeler encore les sévères paroles de l'honnête et austère républicain : « *Vous vivez dans un monde qui* « *est étroit, qui est exclusif, et qui vous empêche de con-* « *naître le pays.* »

Voilà pourquoi ils parlent toujours du fantôme du cléricalisme.

L'acte du 16 Mai a troublé le pays et paralysé les affaires.

Ils osent dire cela sans rire, et exploitent perfidement la situation fâcheuse de quelques cités industrielles dont les souffrances tiennent à des causes spéciales ou même purement locales, ou sont occasionnées par les événements d'Orient.

Comme si l'acte du 16 Mai avait rien à voir dans ces situations si dignes d'intérêt, qu'il a plutôt améliorées ?

La cote de la Bourse prouve tous les jours, au contraire, par l'élévation du cours de toutes les valeurs, que l'acte du 16 Mai n'a pas troublé le pays ou paralysé les affaires.

Les transactions immobilières n'ont rien perdu de leur activité, puisque la recette des droits d'enregistrement est en augmentation sur celle de 1876.

Les transactions commerciales n'ont pas, non plus, perdu de la leur, puisque les recettes des douanes sont également en hausse sur celles de 1876.

Ce n'est pas moi qui le dis, ce sont des chiffres que je vais mettre sous vos yeux et que j'emprunte au tableau des recettes du premier semestre de 1877, dans lequel se trouve naturellement comprise la période du 16 mai au 30 juin.

L'enregistrement a produit 13.000,000 de plus qu'en 1876, pendant les six premiers mois de l'année.

Les douanes ont donné 15,000,000 de plus qu'on n'attendait ; les boissons 14,000,000, et les tabacs 9,000,000, — et toujours avec augmentation sur 1876.

Or, comme les droits ne sont pas plus élevés en 1877 qu'en 1876, on a donc plus acheté et plus consommé de marchandises de toutes sortes, et notamment de boissons et de tabac qu'en 1876, — ce qui ne prouve pas du tout que le pays soit troublé et les affaires paralysées, mais positivement le contraire.

En somme, les recettes des six premiers mois de 1877 auraient été supérieures de 53,000,000 aux évaluations du budget, si la très-mauvaise récolte des betteraves de l'an dernier n'avait pas produit des mécomptes sur les droits de fabrication des sucres indigènes, — ce dont le 16 Mai ne saurait être rendu responsable.

Il est démontré, par contre, que ni la recette, ni la progression ne se sont ralenties, soit du 16 mai au 30 juin, soit après le 30 juin.

Ce sont les chiffres qui l'affirment, avec une éloquence irristible.

Je vous crois trop intelligents pour avoir besoin d'ajouter que, si les affaires ne sont pas chez nous ce qu'elles pourraient et ce qu'elles devraient être, il en est de même chez nos voisins. La faute en est à la guerre turco-russe, qui a considérablement restreint, sinon totalement supprimé, nos relations commerciales avec les marchés de l'Orient et même avec ceux de la Russie et de l'Autriche.

La crise dont se plaignent certaines industries a donc, vous le voyez, des causes absolument extérieures.

Ce n'est pas encore moi qui le dis, c'est un ami de M. Jules Simon, un de ses propres collègues dans le ministère renversé le 16 Mai, qui le reconnaît.

C'est M. Léon Say, l'ancien ministre des finances, qui prononçait à Londres, le 20 juillet, un discours où se trouve le passage suivant :

« *Cette crise est évidemment la suite des guerres et* « *des troubles récents, qui ont eu pour conséquence la* « *destruction de tant de capitaux. La consommation* « *s'est ralentie dans le monde entier ; mais la consom-* « *mation reprend toujours après des temps d'arrêt de* « *ce genre.* »

Pourquoi donc a été accompli l'acte du 16 Mai ?

Vous devez le savoir maintenant.

Parce que la majorité, rassemblée et tenue en main par M. Gambetta, rendait l'existence impossible à tous les ministères — au profit de M. Gambetta, qui ne visait pas personnellement à être ministre, mais qui voulait avoir des ministres, ne voyant, n'entendant et n'agissant que par lu:, de telle sorte qu'il aurait ainsi annihilé le président *de droit,* et serait devenu le président *de fait,* en attendant de devenir, à son tour, président de droit;

Parce que, sous prétexte de réorganiser tout, la majorité se préparait à tout désorganiser, sans en être empêchée par un ministère qui n'avait aucune influence sur elle, et ne pouvait s'assurer un lendemain, qu'en se pliant à tout ce qu'aurait voulu M. Gambetta;

Parce que, après avoir humilié et meurtri ce ministère, dont presque tous les membres sortaient pourtant de ses entrailles, la majorité l'aurait finalement renversé;

Parce que, après avoir renversé M. Jules Simon, qu'elle savait être le maximum et la dernière des concessions que pouvait et voulait lui faire le Maréchal, la majorité espérait créer non plus seulement une crise ministérielle, mais une crise gouvernementale, se terminant, selon ses secrets desseins, par le renversement du Maréchal;

Parce que les gauches plus ou moins radicales, renforcées encore par la déplorable défection du centre gauche, infidèle à ses origines, et parjure à ses promesses, voulaient opprimer le Sénat et le Président, au mépris de la Constitution, s'arroger une prépondérance inconstitutionnelle, et se transformer en Convention;

Parce que cette majorité, grisée par ses succès, s'apprêtait et avait déjà même commencé à mettre l'agitation et la violence à l'ordre du jour;

Parce que tout, enfin, était compromis et menacé; la paix et la prospérité publiques, le travail national, tous les principes et les intérêts sociaux, la Constitution, la République elle-même.

Voilà pourquoi a été accompli l'acte du 16 Mai — pour protéger et sauver la paix et la prospérité publiques, le travail national, les principes et les intérêts sociaux, la Constitution, la République.

La République conservatrice et constitutionnelle, bien entendu, car nulle autre n'est possible.

Vous voyez donc bien, vous, l'honnête républicain de tout-à-l'heure, que, loin de vous alarmer, l'acte du 16 Mai doit vous inspirer toute confiance et vous rassurer, sous le double rapport de la tranquillité dont vous avez besoin pour vivre, et du maintien des institutions que vous préférez.

Ils veulent renverser le Maréchal.

— Mais, allez-vous me dire, croyez-vous vraiment que M. Gambetta, et les 363 qui lui emboîtent le pas, avaient réellement et ont encore l'intention de renverser le Maréchal ?

— Si je le crois ? Mais vous allez en être convaincu comme moi.

Dans les derniers jours de mai dernier, M. Gambetta reçut la visite d'une demi-douzaine de jeunes gens qui venaient à lui, se prétendant envoyés par la jeunesse studieuse des écoles.

Il les accueillit fort gracieusement, et leur tint un petit discours dont voici un passage caractéristique :

« Quoi qu'on fasse, il faudra bien en arriver au
« jugement du pays.

« Le parti républicain ne manque pas d'hommes
« éminents qui feraient des présidents de la Répu-
« blique très-constitutionnels.

« *Il y en a un surtout que l'on a vu à l'épreuve,* qui
« a déjà occupé la Présidence, et qui en est des-
« cendu avec une simplicité, un désintéressement
« et une grandeur *qu'on se fera certainement un devoir*
« *d'imiter* QUAND L'HEURE SERA VENUE. »

ON, vous l'avez deviné, c'est le Maréchal. *L'heure à venir*, c'est l'heure que la majorité croyait déjà venue, et qu'elle espère bien faire venir le plus vite possible, même en donnant un vigoureux coup de pouce à l'aiguille — si la France a le malheur d'assister au retour des 363 à Versailles.

Mais nous n'en sommes pas là, heureusement.

Les 363 croient pourtant y être ou en approcher, car le journal de M. Gambetta, leur patron, la *République française* écrivait le 11 ou le 12 juillet :

« L'heure des élections n'est pas connue, mais la

« lutte est engagée. M. de Mac-Mahon voudrait en
« sortir et reprendre son rôle supérieur, indépen-
« dant, purement constitutionnel, qu'il ne le pourrait
« pas. *Il faut que le dernier combat soit livré.* Quelle
« en sera l'issue? Peut-être le cabinet du 16 mai
« commence-t-il à la prévoir; il ne reste guère, à
« cet égard, d'illusion à personne, sauf peut-être à
« M. de Mac-Mahon lui-même. Mais quel que soit
« le dénouement, M. de Mac-Mahon, en chef fidèle,
« ne séparera pas son sort de l'armée qu'il réunit à
« cette heure autour de son drapeau. »

La veille, un autre journal des 363, le *Télégraphe*,
avait imprimé :

« Si M. le Maréchal de Mac-Mahon continue à
« vouloir faire le jeu — d'une manière consciente
« ou inconsciente, peu nous importe — des ennemis
« de la Constitution, nous reviendrons devant le
« suffrage universel et sur notre drapeau sera écrite,
« non plus la formule : « La Constitution avec le
« Maréchal », mais bien : « *La Constitution sans le*
« *Maréchal* ».

Celui-là est un peu plus poli. Il écrit : « M. le
Maréchal de Mac-Mahon », au lieu d'écrire : « M. de
Mac-Mahon » tout court; mais au fond, c'est la
même chose. Ni l'un ni l'autre ne se gênent pour
déclarer qu'ils ne veulent pas plus du Maréchal que
de M. de Mac-Mahon, s'il ne fait pas amende honorable à leurs amis.

Et remarquez bien que les deux journaux dont je
viens de vous citer des extraits sont relativement
modérés et prudents.

Si vous lisiez les autres! — Et si vous entendiez
ce qu'on dit, parce qu'on n'ose pas l'imprimer!!

Pareil langage, pareilles idées sont audacieuse-
ment inconstitutionnels

Ceux qui s'en rendent coupables ne devraient
pourtant pas ignorer que « *sans le Maréchal* » il n'y
a pas de Constitution possible, puisqu'il en est un
des articles et un des rouages.

Ils ne l'ignorent pas, d'ailleurs; et c'est ce qui
vous montre bien qu'ils veulent bouleverser aussi
la Constitution.

Heureusement qu'ils font en cela comme le chasseur dont parle le bon Lafontaine : ils vendent la peau de l'ours avant de l'avoir tué, et ne sont pas de force à le tuer.

Mais il n'est pas moins vrai qu'ils annoncent ouvertement l'intention d'écarter le Maréchal, c'est-à-dire d'attaquer les idées, les intérêts, les principes et les institutions dont il est la garantie et la sauvegarde.

C'est bon à retenir et ne l'oubliez pas.

N'oubliez pas non plus qu'ils joignent l'injure à la menace, l'injure grossière, violente, haineuse.

Il y a quelques jours, c'était M. Edmond About qui la distillait dans les colonnes du *XIXe Siècle*. Hier, c'était la *République française* qui reprenait et continuait l'œuvre de M. Edmond About, et traitait le Président de soldat vieilli dans les casernes, de général malheureux, « soustrait par une blessure opportune au sort des Frossard et des de Failly. »

Qu'en pensez-vous, mon honnête républicain, qui ne pouvez plus douter maintenant qu'ils veulent renverser le Maréchal ? Comment trouvez-vous cela, vous qui avez connu le Maréchal en Crimée et en Italie, si vous ne l'avez pas vu à Frœschwiller et à Reischoffen ? — Voyons, parlez franchement..

— Eh bien ! franchement : je trouve que c'est ignoble.

— Nous sommes du même avis, mon cher. Et puisqu'il en est ainsi, j'espère que vous aurez bien encore un peu de patience et que vous voudrez entendre les opinions que professent sur le compte de M. Gambetta des hommes qui ne sont pas, plus que vous, royalistes, impérialistes, cléricaux ou réactionnaires. Ensuite nous examinerons ensemble les deux derniers actes politiques des 363.

M. Gambetta.

Ce sont ici, je le répète, les opinions que professent, sur M. Gambetta, non des royalistes, des impérialistes, des cléricaux ou des réactionnaires, mais de véritables et notables républicains.

M. Casimir Périer — celui qui est mort — *n'a jamais voulu délibérer, ni voter avec lui.*

M. Thiers a dit de lui : « *Sa politique est une poli-* « *tique de fou furieux.* »

M. Grévy, le président républicain de la dernière Chambre, a dit de lui : « *Il mourra dans la peau d'un* « *insurgé.* »

M. Lanfrey, un sénateur républicain qui a écrit une histoire de la guerre de 1870-1871, a dit de M. Gambetta : « *Il a exercé la dictature de l'incapacité.* »

Le *Journal des Débats*, devenu républicain, a imprimé de lui : « *Ce déclamateur ne s'aperçoit pas* « *que ce qui fait peur au pays, c'est précisément sa Ré-* « *publique, c'est son drapeau, c'est son parti, c'est son* « *langage.* »

Vous connaissez le chef qu'ont accepté les 363, le parti auquel ils se sont affiliés, le drapeau sous lequel ils marchent, le langage qui est devenu le leur. La cause est donc entendue.

Attendez pourtant... Il faut que je vous cite un des actes de Gambetta en 1871, un des derniers — pas pendant la guerre, mais la guerre terminée — et trois ou quatre jours après que tout était fini.

Le 2 février 1871, à 6 heures 50 du soir, il télégraphiait au directeur de la manufacture d'armes de Saint-Etienne :

« *Si vous avez deux ou trois mille fusils transformés* « *disponibles, ne résistez pas trop aux vœux de la popu-* « *lation de Saint-Etienne qui vous les demandera...* « *C'est une demande qui m'a souvent été faite sans que* « *j'y ai jamais accédé,* MAIS IL PEUT SE PRÉSENTER « TELLES CIRCONSTANCES OU CETTE CONCESSION SOIT « UTILE.   « LÉON GAMBETTA. »

Ainsi, la guerre finie, il faisait délivrer des fusils en vue de CERTAINES CIRCONSTANCES.

Peu de temps après, avec les fusils ainsi délivrés, les radicaux fusillaient le pauvre et courageux de l'Espée, leur préfet.

Je ne veux pas dire que c'était la circonstance prévue par M. Gambetta. Ce n'était pas, je le crois, pour pareille besogne qu'il avait fait donner des fusils à ces gens-là et à d'autres ; mais, enfin, ce n'é-

tait pas non plus pour escorter les processions....
Pour quoi alors?...

Les derniers actes des 363.

Vous savez que les 363 ont nettement refusé de
voter le budget et même les quatre contributions
directes, ce qui rend à peu près inutile la session
d'août des conseils généraux et d'arrondissement,
et va créer de sérieux embarras de plus d'un genre.

Ils ont préféré, vous le savez encore, dépenser le
temps qui leur restait à vivre législativement, en
discours sans fin, et en développements démesurés
de l'interpellation, au terme de laquelle ils se sont
définitivement comptés et trouvés 363, — pas un de
plus alors, mais quelques-uns de moins, depuis.

Comme conclusion de leur interpellation, ils ont
voté un ordre du jour prétentieux, fait de la quin-
tescence de leurs discours — une véritable conden-
sation, enfin, des erreurs, des hérésies, des mensonges et des calomnies que, depuis le 16 mai, ils
n'ont cessé — leurs amis et eux — de dire, d'écrire,
de faire imprimer et colporter.

Vous vous souvenez de l'inventaire et de l'esti-
mation que, deux fois déjà, nous avons fait de ce
bagage, et nous n'y reviendrons pas une troisième.

*
* *

Le 25 juin, la dissolution ayant été prononcée, et
avant de retourner chacun chez soi, les 363 tinrent
une dernière réunion, d'où sortit un dernier manifeste ainsi conçu :

« Les députés soussignés, représentants des bu-
« reaux des quatre groupes de la gauche de la
« Chambre des députés, frappée par le vote de la
« dissolution,

« Déclarent que les 363 députés qui ont voté
« l'ordre du jour de défiance émis contre le minis-
« tère du 17 mai, *restant unis dans une pensée com-*
« *mune,* se présenteront collectivement et AU MÊME
« TITRE devant le suffrage universel, lorsque les
« électeurs seront convoqués dans leurs comices. »

Ont signé les membres des bureaux des gauches :

POUR LE CENTRE GAUCHE : MM. de Marcère, Paul de Rémusat, Aimé Leroux, Frank Chauveau, Dramel, Richard Waddington, Danelle-Bernardin, Philippoteaux, etc.

POUR L'EXTRÊME GAUCHE : MM. Louis Blanc, Madier-Montjau, Lockroy, ainsi que les membres des autres groupes des gauches, parmi lesguels : MM. Gambetta, Pascal Duprat, Spuller Floquet, etc....

Quel assemblage.... *dans une pensée commune* et AU MÊME TITRE !....

Ce dernier acte des 363, le plus inoffensif à coup sûr, n'est pourtant pas le moins déplorable, parce-qu'il constate et consacre l'irrévocable désertion et le scandaleux et définitif passage à l'ennemi des hommes du centre gauche, désormais unis dans une pensée commune avec les intransigeants de l'extrême gauche, pour la poursuite d'un but commun qui est : — Renverser le président d'abord et la constitution ensuite, afin de pouvoir plus facilement tout remettre en question, tout menacer, tout compromettre.

Que parlait donc M. Gambetta de *nuances?* Les voilà toutes fondues ou confondues, les plus claires ayant monté au ton des plus foncées — un sombre et vilain rouge.

Non, et ils auront beau dire et ils auront beau faire, les nuances qui pouvaient, autrefois, distinguer les membres de l'ex-majorité n'existent plus, et il est impossible de les reconstituer. Elles sont inséparablement combinées et perdues dans la sombre et vilaine couleur dont je parlais, et à la formation de laquelle n'a pas même manqué la nuance de M. Bonnet-Duverdier — le président trop connu du conseil municipal de Paris, que le tribunal de la Seine, et la cour d'appel, condamnaient récemment à quinze mois de prison pour avoir, joignant le geste à la parole, dit, dans une réunion publique, qu'il fallait fusiller le Maréchal s'il ne se retirait pas.

Ecoutez, c'est malheureux ; car, s'il en est parmi les 363 dont on ne devait espérer ni attendre autre chose, il en était d'autres — ceux du centre gauche, notamment — qu'on ne croyait pas capables de s'associer aux Louis Blanc, aux Madier de Montjau, aux Barodet, aux Raspail, aux Naquet, pour battre en brèche les lois, les institutions, les idées religieuses, tous les principes qui sont la base et la sécurité des sociétés, et dont le respect est plus nécessaire encore à l'existence des sociétés républicaines qu'à celle des monarchies.

Je le répète : c'est malheureux. Ceux dont nous sommes réduits à déplorer l'égarement et la désertion semblaient destinés à mieux finir, et les voilà perdus, perdus sans retour.

Viendraient-ils à reconnaître leurs erreurs et leurs fautes ; ils n'en seraient pas moins perdus et impossibles pour la vie publique.

Réussiraient-ils à reprendre leur nuance primitive, le rose centre gauche, qu'elle n'inspirerait pas plus de confiance, à raison de sa fâcheuse tendance à virer au rouge, pour peu qu'elle se trouve au contact de l'élément radical.

Les centre-gauchers et beaucoup d'autres, comprenez-le bien, sont aujourd'hui dans la position de ces individus qui, après avoir eu des liaisons compromettantes et scandaleusement affichées, ne peuvent plus trouver à se marier honnêtement, et sont forcés de revenir à leurs anciennes et dangereuses maîtresses qui leur rendent la vie dure.

Nos hommes sont condamnés à être radicaux malgré eux et quand même.

C'est ce que leur faisait sentir, l'autre jour, le *Mot d'Ordre* du citoyen Rochefort.

« *Renier le radicalisme,* leur disait-il, *après ce que* « *vous venez de faire, serait une véritable désertion.* « VOTRE DIGNITÉ, VOTRE DEVOIR, VOTRE INTÉTÊT « FONT DÉSORMAIS DE VOUS DES RADICAUX. »

Voilà à quoi on s'expose avec les liaisons dont je vous parlais : on en a pour la vie — malgré soi.

Et les pauvres centre-gauchers ne peuvent plus, décemment, être reçus chez la République constitutionnelle, puisque, tout en lui faisant la cour, ils vivaient en concubinage avec la République radicale, dans les bras de laquelle ils ne sauraient s'empêcher de retourner.

Les 363 représentent-ils la France ?

Ils ne se font pas faute de le crier sur les toits, mais vous auriez tort de les croire sur parole et de ne pas prendre de plus amples informations, avant de vous faire une opinion, et je vais vous donner quelques renseignements qui vous y aideront.

D'abord, les 363 ne sont plus guère aujourd'hui que 350, par suite de la retraite de quelques-uns d'entre eux — et des meilleurs — mais nous continuerons, si vous n'y voyez pas d'inconvénients, à les appeler les 363, pour ne pas les désobliger.

Afin d'étayer leur affirmation qu'eux et eux seuls représentent la France, les 363 et leurs amis disent :

« La preuve que nous sommes seuls fondés à nous « prétendre les représentants de la France, c'est « qu'aux élections de 1876 nous avons réuni, nos « amis et nous, environ 4,000,000 de suffrages. »

Je ne veux pas chicaner sur le chiffre, ni même leur demander si, de ce chiffre approximatif de 4,000,000 de suffrages, ils ont songé à déduire les voix obtenues par les collègues qui les ont abandonnés.

Je leur accorde les 4,000,000 tout ronds qu'ils disent avoir obtenus en février et mars 1876, mais en leur faisant remarquer qu'ils ne sont nullement certains de les retrouver en 1877, après tout ce qui s'est passé.

Et comme il y a en France 10,000,000 d'électeurs inscrits, j'ai le droit de leur répondre tout de suite qu'ils représentent tout au plus les quatre dixièmes (4/10) de la France — moins de la moitié et moins, par conséquent, que la majorité absolue.

J'en connais parmi eux qui n'ont pas eu 100 voix de plus que leurs concurrents en 1876; et j'en connais d'autres, nommés au second tour de scrutin, qui n'ont guère obtenu que le quart des suffrages exprimés, équivalent à peine au cinquième ou au sixième des électeurs inscrits.

Mais je ne veux pas m'arrêter à ces détails, et j'aime mieux que nous cherchions ensemble comment ils ont pu avoir les voix dont ils se prévalent.

Ils en ont eu une quantité plus ou moins considérable et suffisant, dans un très-grand nombre de circonscriptions, à déplacer la majorité, parce que, dans leurs professions de foi, ils condamnaient le radicalisme auxquels ils se sont ralliés, réclamant du Maréchal qu'ils ont abandonné et combattu.

Il n'y a pas moyen de le nier.

Un journal a eu la très-intelligente idée de recueillir, dans les professions de foi républicaines de 1876, les protestations de dévouement adressées au Maréchal : et elles ne manquent pas. Chacun exprimait son dévouement à sa façon ; mais, à tout prendre, la formule ne variait guère : « Serrons-nous avec confiance autour du Maréchal de Mac-Mahon, » disait l'un ; un autre promettait de s'associer « à l'illustre Maréchal-Président et au Sénat. » — « Mon concours le plus dévoué est acquis au Maréchal de Mac-Mahon, » disait celui-ci. « Je suis complétement dévoué à M. le Maréchal de Mac-Mahon, » disait celui-là. Toutes ces citations, assez monotones d'ailleurs, sont textuelles. Un autre enfin, recommandant son candidat à ses compatriotes, disait en propres termes : « En votant pour M. un tel, vous votez pour vous-mêmes, pour la paix extérieure, pour le Maréchal de Mac-Mahon. »

Pour vous mieux faire saisir ce que je veux vous prouver, je vais prendre un département — les Ardennes, par exemple, qui ont nommé quatre députés centre gauche, enrôlés dans les 363, et un cinquième qui est invariablement resté à droite.

Tous les cinq avaient dit, ou à peu près, la même chose dans leurs proféssions de foi, dont voici des extraits :

Extrait n° 1. — M. Gailly, de Charleville, questeur de la Chambre, membre du centre gauche, un des 363, disait :

« *J'aiderai de tous mes efforts le Président de la Ré-*
« *publique* à défendre et à faire fonctionner réguliè-

« rement les institutions qu'il a loyalement acceptées.

« Je continuerai, dans la mesure de mes forces, à
« poursuivre *l'union de tous les hommes modérés*, sin-
« cèrement ralliées à la Constitution; *je combattrai*
« *sans hésitation, les théories violentes et dangereuses...*»

EXTRAIT Nº 2. — M. Philippoteaux, de Sedan,
questeur du centre gauche, un des 363, disait :

« J'ai contribué à fonder le gouvernement répu-
« blicain en votant les lois constitutionnelles que je
« défendrai énergiquement. Elles sont aujourd'hui
« sous la garde de l'illustre Maréchal de Mac-Mahon
« qui, Président de la République, *est assuré de tout*
« *mon respect et de tout mon dévouement.* »

EXTRAIT Nº 3. — M. Neveux, de Rocroi, membre
du centre gauche, un des 363, ne parlait pas du Maréchal, à la vérité, mais il avait dit :

« Je défendrai résolûment la République, *mais la*
« *République sage, conciliante, conservatrice des grands*
« *principes religieux et sociaux, sans le respect desquels*
« *il ne peut y avoir que désordre et anarchie.*

« Que ceux qui nourrissent le coupable espoir que
« la République est un pas *vers les excès qu'ils dési-*
» *rent et le radicalisme qui est leur drapeau,*
» Que ceux-là ne votent pas pour moi. »

EXTRAIT Nº 4. — M. Drumel, de Rethel, secré-
taire du centre gauche, un des 363, avait dit :

« La Constitution, je l'ai désirée ardemment ; je
« l'accepte sans arrière-pensée ; je crois que le de-
« voir de tout Français, *vraiment conservateur*, est de
« la défendre résolûment *et de se ranger aux côtés de*
« *l'illustre Maréchal de Mac-Mahon*, qui en est le
« loyal gardien. »

EXTRAIT Nº 5. — M. de Ladoucette, de Vouziers,
siégeant à droite, avait dit :

« Sans jamais avoir aliéné mon indépendance, j'ai
» placé, avant toute chose, l'obéissance aux lois :
» elle est la plus sûre garantie de l'ordre et de la
« liberté, sans lesquels un grand peuple ne saurait
« marcher avec sécurité dans les voies du progrès.

« *Aujourd'hui, je veux, avec l'illustre Président que*

« *l'Assemblée nationale a placé à la tête de la Républi-*
« *que, mettre franchement en pratique la Constitu-*
« *tion...* »

Ainsi, voilà cinq extraits de cinq professions de foi différentes, émanant des cinq députés élus dans les arrondissements du même département — les Ardennes. Elles ne se distinguent pas beaucoup les unes des autres, ni par le fond, ni par la forme.

Si vous connaissez les Ardennes, et si elles ressemblent, comme je le crois, au portrait que m'en a fait une personne qui les connaît bien, c'est un département riche par l'agriculture, l'industrie et le commerce, habité par une population intéressée au maintien de l'ordre, et ayant toujours professé des idées moyennes et modérées.

Quatre des cinq députés de ce département, MM. Gailly, Philippoteaux, Neveux et Drumel, nommés par les arrondissements de Mézières, de Sedan, de Rocroi et de Rethel, sont des républicains, membres et dignitaires du centre gauche et faisant partie des 363.

Du cinquième, de M. de Ladoucette, nommé par l'arrondissement de Vouziers, on dit qu'il est monarchiste, ce que j'ignore absolument et ce que sa profession de foi ne m'autorise pas à croire.

Eh bien, supposez-vous pour cela que l'arrondissement de Vouziers soit plus monarchistes que les arrondissements de Mézières, de Sedan, de Rocroi et de Rethel qui ont nommé des républicains? Supposez-vous encore que ces quatre arrondissements soient plus républicains que celui de Vouziers, qui a nommé un monarchiste ou prétendu tel? Non, n'est-ce pas, et vous avez raison, parce que de pareilles divergences, d'un arrondissement à l'autre, ne s'expliquent et ne se comprennent guère.

Les cinq arrondissements ardennais ne sont ni plus républicains, ni plus monarchistes l'un que l'autre. Si quatre d'entre eux ont nommé des républicains, et le cinquième un homme qu'on a probablement tort d'appeler « monarchiste, » c'est uniquement parce que les cinq candidats élus avaient promis, en termes presque identiques, *de combattre l'anarchie, le désordre, le radicalisme, et de se ranger autour du Maréchal, sur le terrain de la Constitution.*

C'est pour cela surtout qu'ils ont été nommés.

Ceux d'entre eux qui ont tourné le dos au Maréchal pour aller au radicalisme, ne sont donc plus fondés à se prévaloir des voix qu'ils avaient obtenues, en promettant de faire le contraire.

Autant, alors, à retrancher du total qu'invoquent les 363, pour dire qu'ils représentent la France.

Et comme le cas des quatre députés ardennais est celui de 200 environ de leurs collègues, vous n'hésiterez pas à dire avec moi qu'il y a bien deux millions de voix *surprises* à déduire des quatre millions dont ils se font un piédestal.

Or, je vous le répète, quatre millions ne comptent que pour les quatre dixièmes du corps électoral.

Si on en retranche deux millions, les deux qui restent n'en sont plus que la cinquième partie.

Donc, les 363 qui n'ont jamais exactement représenté la France, la représentent encore moins aujourd'hui que jamais.

Conclusion.

Le représentant véritable et légal de la France, c'est le Maréchal, appuyé sur le Sénat d'un côté, et sur la Constitution de l'autre.

Et qu'ont fait les 363 ?

Ce qu'ils ont fait ?

Du bruit ; des méchancetés aux ministres, et encore du bruit ; des méchancetés au Président de la République et au Sénat, et toujours du bruit.

— Comment ?... C'est tout ?

— Oh ! ma foi, pas grand chose avec. Si peu que ce n'est guère la peine d'en parler. Mais, puisque vous paraissez y tenir, je vais vous énumérer beaucoup plus ce qu'ils auraient pu faire que ce qu'ils ont fait, malgré que M. Grévy ait déclaré qu'ils avaient bien mérité de la Patrie.

Ils ont pris de longs et nombreux congés, et tenu de courtes séances.

Ils ont produit beaucoup de projets, dont quelques-uns insensés, et dont les autres n'ont pas abouti.

Ils ont taquiné et énervé l'autorité sans rien donenr à la liberté.

Ils n'ont rien innové en matière d'administration et de finances, ce dont il ne faudrait pas leur faire un bien grand crime, parce que, à en juger par les idées émises, ils auraient plutôt détérioré qu'amélioré.

Ils ont, en effet, étudié longtemps un plan de réforme financière élaboré par M. Gambetta, créant l'inquisition fiscale, et établissant l'exercice de toutes les maisons particulières par les employés des contributions directes. Ce qu'ils ont fait de mieux est peut-être de n'avoir pas donné suite à cette réforme.

Lors de la discussion du budget de 1877, ils ont ergoté et tâtillonné sur toutes les dépenses. Ils ont refusé une augmentation de 100 francs que M. Dufaure leur demandait pour les plus pauvres des curés de campagne, et réduit le nombre des bourses destinées à faire instruire les enfants d'ouvriers dans les séminaires.

Ils ont rogné et dégraissé l'ordinaire si maigre du troupier en ne voulant payer que *dix sous la livre* la triste viande qu'on lui fait manger, au lieu de *treize sous* que le ministre de la guerre leur demandait, afin de pouvoir donner à vos garçons qui sont au service de la vache un peu moins enragée.

Ils ont refusé une augmentation de trois ou quatre sous par jour aux facteurs ruraux.... Mais ils se sont préoccupé de se faire transporter *gratis* en chemin de fer — eux, les députés.

Ils ont un peu augmenté la solde des officiers, parce que le ministre de la guerre a su les mettre au pied du mur ; mais ils ont cherché, pendant neuf mois, sans le trouver, le moyen de retenir les sous-officiers sous les drapeaux, qu'ils quittent aussitôt leur congé fini ; et ils n'ont pas su deviner que le meilleur moyen serait de leur garnir un peu mieux le gousset, au lieu de tant discuter sur la question de savoir si un colonel a le droit de casser un sergent ivrogne ou un sergent-major paresseux.

Le ministre des finances leur avait proposé de supprimer l'impôt sur la petite vitesse, qui écrase l'industrie et le commerce, et de supprimer la taxe des savons, qui est l'impôt sur la propreté. Ils ont répondu qu'ils verraient à cela...... et ils n'y ont pas vu.

Ils n'ont rien cherché, ou, tout au moins, rien su découvrir pour remplacer la taxe absurde des allumettes, et l'impôt presque odieux sur la chicorée ; mais ils ont pensé à supprimer les octrois, c'est-à-dire à faire payer, par les habitants de la campagne, les trois quarts au moins des quatre cents millions que l'octroi rapporte à seize ou dix-sept cents villes, auxquelles ils auraient ainsi enlevé le plus clair de leurs ressources.

Ils ont nommé une commission des chemins de fer, composée de 33 membres triés sur le volet, qui n'a su résoudre aucune des difficultés dont elle était saisie. Par la faute de cette commission et de la Chambre, aucune des concessions attendues n'a été faite. Les intérêts en suspens y sont restés, quand ils n'ont pas été entièrcment compromis. Trois Compagnies, celle de la Vendée, celle d'Orléans à Rouen, et celle de Valenciennes à Lille ont été forcées, par suite, de se mettre en faillite ; et leurs actionnaires et obligataires ont été ruinés.

Ils ont traîné la discussion du budget de 1877 jusqu'au 25 décembre 1876, pour ne pas permettre au Sénat de l'examiner à son tour, et ils ont refusé net, en 1877, de voter le budget de 1878.

Et c'est tout, ou à peu près tout, le reste — ainsi que je vous l'ai déjà dit — ne valant pas la peine qu'on en parle, en bien ou en mal.

— Mais savez-vous que c'est bien peu de chose, pour tant d'argent qu'ils ont coûté.

— D'accord. — Et j'oubliais de vous dire une chose qui vous étonnera certainement. Les 363 ont trouvé des journaux et des gens pour approuver leur conduite. Parmi ces journaux, je ne vous en citerai qu'un, celui de l'illustre citoyen Rochefort, l'évadé de Nouméa, qui, de la Suisse où il s'est réfugié, continue à essayer de mettre le feu aux poudres à Paris.

Voici ce que son journal, le *Mot d'Ordre*, parodiant un ordre du jour du Maréchal, écrivait le 7 juillet :

« Trois cent soixante trois !

« *Nous sommes satisfaits de votre tenue et de la régu-* « *larité de votre dernier mouvement.*

« Oui, vous avez compris vos devoirs... »

« Paris, le 7 juillet 1877.

« La rédaction du *Mot d'Ordre.* »

Si vous faisiez partie des 363, vous ne seriez pas flattés du tout, j'en suis sûr, d'avoir reçu et mérité les compliments de l'illustre citoyen Rochefort et de la rédaction du *Mot d'Ordre.*

Promenade à travers la presse étrangère. — Opinion des ministres italiens. — Voix d'Alsace et de Lorraine.

J'ai eu l'occasion de vous signaler la pitoyable manœuvre à l'aide de laquelle les 363 avaient essayé d'intimider le gouvernement, en le menaçant des ulhans de M. de Bismarck et des *bersaglieri* de Victor-Emmanuel, et en reproduisant à la tribune française, comme arguments à l'appui d'une mauvaise cause, des articles de gazettes étrangères.

Vous avez deviné, j'en suis certain, que c'étaient des articles empruntés à des journaux plus ou moins amis des 363, plus ou moins partisans de leurs idées, et auxquels, peut-être même, quelqu'un des 363 avait envoyé lesdits articles.

Je ne l'affirme pas ; mais, enfin, cela s'est vu.

L'idée m'est venue, et vous m'en saurez certainement gré, de rechercher, pour les placer sous vos yeux, les articles des principaux journaux étrangers qui ont cru devoir s'occuper de l'acte du 16 mai et de ses conséquences possibles, au point de vue de nos relations extérieures.

.Voici d'abord ce que j'ai copié. dans le *Journal officiel* du royaume d'Italie : c'est un .extrait du compte-rendu de la séance du Parlement italien du 23 mai.

Le député Savini avait posé une question au gouvernement pour savoir ce qu'il pensait de l'acte du 16 mai.

.M. Melegari, ministre des affaires étrangères de Victor Emmanuel, lui répondit :

« Les hommes qui ont été placés à la tête du gou« vernement de la France, et qui me sont presque « tous personnellement connus, ne méritent pas les « jugements dont ils ont été l'objet. Le Président « de la République et le ministre des affaires étran« gères ont senti le besoin de rassurer spécialement « l'Italie. Diverses communications, que nous n'a« vions pas provoquées, nous sont parvenues ; elles « nous ont affirmé que le gouvernement français et « tous ses membres assurent que rien ne sera « changé dans les rapports de la France avec « l'Italie. »

Et M. Depretis, président du conseil, vint confirmer ce qu'avait dit son collègue des affaires étrangères.

Vous voyez que nos relations avec l'Italie ne sont ni compromises ni menacées. Ce sont les propres ministres de Victor Emmanuel qui l'affirment; et la meilleure preuve en est que notre gouvernement vient de signer avec elle un nouveau traité de commerce.

Parcourez maintenant ces extraits, puisés dans des journaux de tous les pays, et auxquels je n'ajouterai aucun commentaire.

*
* *

« Au milieu des graves préoccupations que ces événements font naître, il est heureusement un point de l'horizon que l'on peut considérer avec une sécurité complète, c'est l'avenir de la politique extérieure de la France. Nous disions hier qu'il était désirable que les craintes, non fondées selon nous, qui pouvaient se rattacher à la dernière crise, au point de vue du mouvement ultramontain, fussent dissipées promptement, de la manière la plus formelle et la plus autorisée. Le maréchal de Mac-Mahon a lui-même désavoué, dans une lettre à M. le duc Decazes, les tendances qu'on avait voulu voir au fond de la détermination prise par lui à l'égard du ministère Jules Simon.

« Le maintien de M. le duc Decazes au ministère des affaires étrangères eut été, à lui seul, un gage solide de la politique sage et éclairée suivie depuis sept ans par la France, dans ses relations avec l'étranger, et qui, aujourd'hui, *vient fortifier si puissamment l'espérance de la conservation de la paix en Europe.* Ce gage acquiert une nouvelle force par la lettre du Maréchal au ministre des affaires étrangères. »

(Le Nord, organe officieux de la chancellerie
russe, numéro du 20 mai.)

« Il est tout naturel que l'on accuse le duc de Broglie d'être clérical ; mais il est pour cela trop éclairé et trop patriote. Quant au maréchal de Mac-Mahon, qui porte le titre de duc de Magenta, il ne souscrira à aucun acte qui puisse être interprété comme une démonstration hostile à l'Italie et troubler les relations qui règnent entre ce pays et la France. »

(Dagblad, de Copenhague, du 19 mai.)

« M. le duc Decazes reste à son poste et nous connaissons sa politique. D'autre part, les relations entre l'Italie et la France ont-elles été moins bonnes sous le premier ministère de Broglie, ou sous le ministère Buffet ? Les changements de cabinet sont une affaire qui regarde nos voisins : nous en observerons les effets avec intérêt, mais sans préoccupation timorée. »   (*Perseveranza* de Milan du 19 mai.)

« Le Maréchal a refusé de capituler devant ceux qui se flattaient de le faire prisonnier. Il s'est souvenu qu'il avait derrière lui la France, et il a su se dégager à temps, pour replacer le pouvoir au-dessus des partis et pour assurer à la fois : l'ordre sévère au dedans ; *la paix vigilante et loyale à la frontière.*

« Plus il a attendu avant d'agir, plus il a puisé de force dans la patience méritoire dont il a fait preuve, et il est enfin permis d'espérer que la France, après tant de secousses et de tiraillements successifs, va pouvoir respirer un peu, *sous l'égide d'une épée qui n'a jamais trahi ni la liberté, ni l'honneur.* »

(Emancipateur belge.)

« Gambetta, dans un moment où la France a tant besoin de repos, ne craint pas de mettre tout en œuvre pour attirer l'immixtion de l'étranger dans les affaires intérieures de la France, et de compromettre les relations de son pays, en soulevant contre lui les suspicions du dehors. »   (*Germania.*)

S'appuyant ensuite sur un article de la *Gazette de l'Allemagne du Nord*, au sujet de la dépêche de l'ambassade française du 18 mai, la *Germania* continue :

« C'est un fait avéré : Gambetta et consorts sont les principaux témoins contre les intentions pacifiques du ministère actuel français, les vrais et les meilleurs *manutengoli* de la *Gazette de l'Allemagne du Nord*, les alliés de tous ceux qui poussent à la guerre contre la France, qui ne demande, qui ne veut et qui n'a besoin que de la paix.

« M. Gambetta, au lieu de déclarer nettement que l'étranger n'a pas à s'immiscer dans les affaires intérieures de la France, invoque carrément l'opinion de la presse étrangère... »

Voici un extrait d'un autre journal allemand, très-sérieux et très répandu, la *New Reichszeitung* (*Nouvelle Gazette de l'Empire*).

Le langage de la *New Reischzeitung* a d'autant plus d'importance qu'il est tenu par un journal protestant et enclin plus que tout autre, par conséquent, à voir le cléricalisme et l'ultramontanisme partout.

La feuille germanique s'exprime ainsi :

« La *Post* de Berlin nous dit que c'est son devoir « envers l'Allemagne et envers l'Europe de signaler « les dangers menaçants qui résultent uniquement « pour nous de la domination des ultramontains sur « la France. » — Des raisons, — ce qui vaudrait mieux que ces vagues généralités, — on n'en peut donner une seule, et, en effet, la réalité, les faits, n'offrent rien de saisissable. *Les actes officiels du gouvernement du 16 mai sont caractérisés par la plus scrupuleuse circonspection.* Or, nous autres Allemands, nous n'avons à voir qu'une chose : la manière dont un gouvernement étranger se conduit envers nous. *Quant à ce qu'il fait chez lui, qu'il soit libéral, ultramontain ou ce qu'il voudra, cela ne nous regarde aucunement.* »

Mais c'est assez de ces citations, qu'en dites-vous ?... Vous devez, d'ailleurs, être édifiés, et ce serait abuser de votre patience que de pousser plus loin cette promenade à travers la presse étrangère. Et pourtant, laissez-moi vous retenir une minute ou deux de plus à écouter une voix qui vous arrive de l'autre côté de nos pauvres frontières de l'Est.

Le *Vœu national,* de Metz, écrivait il y a quelques jours :

« Il est impossible de se dissimuler que le différend survenu entre le chef de l'Etat, en France, et tout ce qui porte l'estampille révolutionnaire s'élève à la hauteur d'une crise européenne. Il ne faut pas oublier que la France est le grand foyer d'où émergent tous les brandons incendiaires qui menacent le repos des peuples. Quand ce pays est tranquille, les nations jouissent comme lui d'un repos relatif ; quand il s'agite, elles sont remuées. *Qui oserait prévoir l'intensité des épreuves qui se préparent si la démagogie est victorieuse aux élections prochaines ? A cet égard, toute illusion n'est pas seulement dangereuse, elle est COUPABLE.* On peut dire, sans exagération, que le maréchal de Mac-Mahon, qui a relevé le drapeau de l'ordre dans son pays, s'est constitué par cela même le *champion de la paix générale.* Loin d'entraver son œuvre, il est, au contraire, de la plus élémentaire prévoyance d'en favoriser le succès. »

Réfléchissez, et vous vous en trouverez bien ; réfléchissez aux paroles que vous adresse, par dessus la frontière, une voix française venant de cette terre — française il y a sept ans encore — de cette noble terre d'Alsace-Lorraine, où on ne cesse pas d'aimer la France et de s'intéresser à ses destinées.

Résumé impartial.

Résumons ensemble les débats du procès, car c'est bien un véritable procès qui s'agite, en ce moment, devant le pays.

Le Président de la République et le Sénat traduisent les 363 devant les grandes assises de la France, comme accusés d'avoir, depuis le 8 mars 1876, jusqu'au 25 juin 1877 :

1° Manqué à tous leurs engagements envers le pays qu'ils ont périodiquement inquiété et troublé, par des discussions intempestives, oiseuses et violentes, au lieu d'étudier et de résoudre les questions financières, économiques et militaires qui leur étaient posées, et de la solution desquelles dépend le relèvement et l'avenir de la Patrie ;

2° D'avoir systématiquement cherché à renverser tous les ministères que le Président de la République avait cependant pris dans les rangs de la majorité républicaine, pour lui en imposer d'autres que le respect de sa dignité, et le sentiment de ses devoirs et de sa responsabilité envers le pays, ne lui permettaient pas d'accepter ;

3° D'avoir, sous la direction de M. Gambetta, formé une coalition ayant pour moyens : la taquinerie incessante et mesquine, les attaques déloyales, l'opposition quand même — et pour but : l'annihilation des prérogatives constitutionnelles du Sénat et du Président de la République ;

4° D'avoir ainsi violé et tenté de renverser la Constitution, en usupant ou en tentant d'usurper des pouvoirs qu'elle ne leur reconnaît pas, au préjudice de ceux qu'elle a établis ;

5° D'avoir tenté de compromettre les bonnes relations de la France avec les nations voisines et amies, et notamment avec l'Allemagne et l'Italie, en s'efforçant de faire croire à celles-ci que le Gouvernement français voulait leur déclarer la guerre, sous la pression de la réaction ultramontaire et cléricale ;

6° D'avoir, en même temps qu'ils compromettaient la paix extérieure, compromis gravement la paix intérieure et la sécurité publique à l'aide de fausses nouvelles inventées et répandues de mauvaise foi, sachant qu'elles étaient fausses ;

7° D'avoir, par les mêmes moyens, cherché à inquiéter le monde des affaires et à ébranler la confiance nécessaire aux transactions et à l'activité du travail national ;

8° D'avoir, en toute circonstance, à l'aide des moyens spécifiés ci-dessus et d'autres encore, excité ou cherché à exciter les citoyens à la haine et au mépris du Gouvernement de la République, et encore les citoyens à la haine et au mépris les uns des autres, en disant et faisant dire que l'usage régulier et nécessaire que le Président de la République avait fait de son droit constitutionnel, était une violation de la Constitution, un acheminement à un coup d'Etat et au renversement de la République ;

9° Enfin d'avoir, avec préméditation et à dessein de nuire, refusé de voter le budget, et menacé ou compromis ainsi l'existence et le fonctionnement des services publics ;

Les membres du centre gauche et quelques autres sont accusés, en outre :

De s'être rendus auteurs ou complices des actes ci-dessus énumérés avec la circonstance aggravante qu'ils s'étaient fait élire et avaient été élus sous promesse de s'y opposer et de donner au Maréchal-Président de la République le loyal concours qu'il était en droit d'attendre d'eux et qu'ils avaient le devoir de lui prêter,

Faits prévus par la Constitution, et punissables de la privation du droit d'être réélu, pendant dix ans au moins.

*
* *

Voilà les faits sur lesquels vous électeurs, vous jurés, vous avez à vous prononcer souverainement.

Les débats sont clos, et ce serait le moment d'en faire le résumé impartial que promettait le titre de ce chapitre; mais j'ai réfléchi, et ce résumé, je ne le ferai pas.

— Pourquoi?

— Pour trois raisons. D'abord, je le crois inutile si, comme je le suppose, vous avez exactement suivi les débats et prêté quelque attention à ce que vous venez de lire. Ensuite, je craindrais que vous ne m'accusiez de faire un résumé pas assez impartial et ressemblant à un réquisitoire. Enfin, je ne suis pas le président du débat, et ne veux pas sortir de mon rôle, n'étant qu'un simple juré comme vous.

— Dites-nous votre opinion personnelle, alors; les jurés ont le droit de délibérer.

— A quoi bon? Votre opinion doit être faite maintenant, et je vous crois trop bons citoyens pour n'être pas convaincu que avez choisi la meilleure. Vous avez certainement deviné la mienne; et si j'ai essayé d'éclairer la vôtre, je ne voudrais pas que vous puissiez me reprocher d'avoir cherché à l'influencer.

— Allons, voyons; on peut bien causer encore un peu.

— Soit... Puisque vous êtes disposés à m'accorder encore quelques minutes, employons-les. Mais je crois que c'est une peine bien inutile; car, si vous aimez votre pays, votre famille, et si vous avez l'intelligence et le souci de vos propres intérêts, vous devez comprendre comme moi les devoirs que la situation vous impose.

Position de la Question.

Ne croyez plus, si vous l'avez jamais cru, que le Président de la République s'est séparé de M. Jules Simon le 16 mai, et a dissous la Chambre le 25 juin, pour pouvoir déchirer la Constitution à son aise, renverser la République et préparer les voies au retour d'une monarchie quelconque.

Il vous a donné, à tous et à chacun, sa parole d'honneur que ce n'était pas vrai. Il vous a même donné sa signature, qui est de celles qu'on n'a jamais protestées.

— Mais ses ministres ?

— Ses ministres sont d'honnêtes gens comme lui, et qui ont pris vis-à-vis de vous, en les contre-signant, les mêmes engagements que lui.

Mais ils ne sont pas républicains ! crient les amis des 363.

Eh ! qu'importe ! — Il faudrait d'abord s'entendre et savoir ce que c'est qu'un « républicain », et ce que c'est que la « République »... Il y en a de tant de façons ! Mais c'est inutile. Le principal, en ce moment, c'est que la République constitutionnelle soit entre des mains honnêtes, comme il est néces-saire que votre argent, si vous en avez, soit entre les mains d'un banquier honnête ou d'un notaire honnête — et de plus solvables, quelles que soient leurs opinions.

Or, vous pouvez être sans crainte : la Constitution et la République qu'elle a établie ne courent pas plus de risques que votre argent n'en courrait à la Banque de France ou chez MM. de Rothschild.

Rappelez-vous d'ailleurs que M. Thiers disait, il n'y a déjà pas si longtemps, qu'il valait mieux pour la République qu'elle ne fût pas entre les mains des républicains.

Rarement M. Thiers a eu si complétement raison.

C'est absolument, tenez, comme lorsqu'on donne une bonne, belle et véritable montre d'or à un écolier trop jeune pour comprendre la valeur et la délicatesse d'un pareil bijou... Qu'on la laisse entre ses mains ; qu'on le laisse libre de la manier, de l'ouvrir, de la remonter lui-même : au bout de quinze jours, et même avant, elle ne marchera plus... Supposez, au contraire, des parents soi-gneux et prévoyants ; ils diront à l'écolier : — Cette belle montre est pour toi ; elle est à toi, bien à toi. Seulement regarde-la, mais n'y touche pas... Tu es encore trop jeune et trop imprudent, tu pourrais la casser... plus tard, tu t'en serviras.

L'écolier n'en aurait pas moins sa montre. Il en profiterait en y lisant l'heure, sagement réglée par des gens posés ; il en jouirait par la vue et par la certitude qu'elle est à lui ; qu'il en a bien toute la propriété, s'il n'en a pas toute la jouissance. Et il serait certain de la retrouver intacte et marchant bien, quand il serait devenu un garçon raisonnable et assez expert pour la faire marcher lui-même.

Je vous recommande ma petite histoire de montre, tout bête qu'elle a l'air ; elle vous fera mieux comprendre que M. Thiers avait raison.

Laissons donc de côté des préoccupations qui n'ont pas de raison d'exister, et posons la question comme elle doit l'être.

*
* *

Posée comme elle doit l'être, et envisagée sous ses différents aspects, la question se divise en plusieurs branches.

Préférez-vous l'ordre et la paix, qui vivifient tout et font tout prospérer, au désordre et à l'agitation qui paralysent et anéantissent tout ? — OUI.

Préférez-vous des députés qui ne font que du bruit, sans faire vos affaires, à des députés qui feraient vos affaires sans faire de bruit ? — NON.

Préférez-vous une République inconnue et menaçante, telle, par exemple, que celle de M. Naquet, qui n'est, d'après lui et ses amis, que « *le provisoire perpétuel, un moyen et un outil pour arriver à autre chose* » — la préférez-vous à la République que vous connaissez et que la Constitution a organisée ? — NON.

Voulez-vous, en respectant les croyances de vos concitoyens, être libres de conserver les vôtres ? — OUI.

Voulez-vous que la soutane de votre curé, la robe du juge qui vous assure la protection des lois, l'uniforme du gendarme qui veille à votre sécurité, soient respectés ? — OUI.

Voulez-vous que le développement de l'agriculture, du commerce et de l'industrie, favorisé par une bonne administration, au lieu d'être à chaque instant arrêté par de stériles agitations politiques, vienne répandre plus de travail et plus de salaire

dans les ateliers et sur les chantiers, et, par conséquent, plus de bien-être dans les familles, en
donnant plus de facilités à l'épargne? — OUI.

Voulez-vous que la France, grevée de si lourdes
charges, après tant et de si grands malheurs, voie
ces charges diminuées dans la mesure du possible?
— Voulez-vous que, honorée et forte, elle puisse
reprendre son rang à la tête des nations et retrouver
les bonnes destinées qu'elle a connues autrefois?
— OUI.

Voulez-vous, au contraire, que de secousse en
secousse, d'ébranlement en ébranlement, divisée,
déchirée, appauvrie, elle descende au rang des nations méprisées et déchues? — Voulez-vous qu'elle
revoie une nouvelle invasion, après une nouvelle
Commune, et devienne une proie facile pour l'é-
tranger, après avoir été la proie de la Révolution?
— NON, n'est-ce pas? — NON!

Eh bien! alors, ne votez pour aucun des 363.

. . . .

Moins il en retournera à Versailles, mieux il vau-
dra pour vous et pour une solution conforme à vos
vœux des questions auxquelles vous venez de répondre.

*
* *

— Mais n'exagérez-vous pas, vont me dire
quelques-uns d'entre vous, et ne craignez-vous pas
d'être injuste en les proscrivant tous *au même titre?*

— Pas du tout. Ce sont eux, mes chers amis; ce
sont eux qui se condamnent eux-mêmes, puisque,
dans leur manifeste du 25 juin que vous avez lu, ils
ont déclaré qu'ils se présenteraient et qu'ils se présentent tous AU MÊME TITRE et *unis dans une pensée
commune.* Il n'y a donc pas à distinguer entre eux.

— Pourtant, voyons : il y en a parmi eux qui sont
des citoyens parfaitement honorables, des proprié-
taires, des banquiers, des industriels, et qui ne
doivent pas être des hommes dangereux, des radicaux, des révolutionnaires...

— J'ai pensé comme vous, l'an dernier. J'ai voté
et engagé mes amis à voter pour eux. Je croyais,

toujours comme vous, que leur éducation, leurs antécédents, leur position et les promesses de leurs professions de foi nous garantissaient qu'ils ne feraient pas verser la France et la République à gauche, dans les ornières du radicalisme... Je me trompais, et j'ai bien été forcé de le reconnaître, lorsque j'ai vu ceux qui nous avaient promis de combattre le radicalisme et de se serrer autour du Maréchal sur le terrain de la Constitution, passer à l'ennemi avec armes et bagages, fouler la Constitution aux pieds, et montrer des poings menaçants au Maréchal, au lieu de lui tendre des mains loyalement ouvertes.

— Mais enfin...

— Laissez-moi finir. — Vous me dites qu'ils ne sont, en eux-mêmes, ni dangereux, ni radicaux, ni révolutionnaires... La belle avance ! Et qu'est-ce que cela peut nous faire, à vous et à moi, je vous le demande un peu, du moment qu'ils s'allient aux hommes dangereux, qu'ils font le jeu des radicaux, et qu'ils votent avec les révolutionnaires. C'est absolument la même chose, au bout du compte, que s'ils étaient aussi dangereux que le plus grand danger, aussi radicaux que le radicalisme, et aussi révolutionnaires que la révolution elle-même, et c'est pour cela qu'il ne nous en faut plus... Pas dangereux... Pas dangereux ; c'est facile à dire. Le charbon n'est pas dangereux, non plus, quand il sert à faire bouillir le pot ; mais qu'on le mélange avec du salpêtre et du souffre... Ça devient de la poudre qui est dangereuse et qui peut envoyer la maison en l'air. Aussi, pour mon compte, je ne veux plus du charbon du centre gauche, parce qu'on en fait trop facilement de la poudre révolutionnaire, avec le salpêtre radical. Voilà mon idée, et c'est la bonne... Voyons, est-ce vrai ?

— Dame ! c'est un peu cela tout de même.

— Comment, un peu ? Mais c'est tout-à-fait cela, et je veux que vous en conveniez vous-même... Si un cocher brutal, maladroit, myope ou trop pressé d'arriver, écrasait votre femme au tournant d'une rue, on ne pourrait, pas, parbleu, dire que c'est un assassin... Mais est-ce que le résultat n'en serait pas le même : votre femme n'en serait pas moins morte; et vous n'en seriez pas moins veuf, avec vos enfants orphelins, dans votre maison désolée, compromise et peut-être ruinée à tout jamais... Eh bien ?

— Eh bien! c'est positif et vous avez parfaitement raison.

— Je savais bien que vous y viendriez et que vous reconnaîtriez qu'il n'y a plus moyen de voter pour les 363 — pas même pour les moins mauvais d'entre eux. Je vous avoue que, pour ma part, j'ai mis du temps à en arriver là, mais aujourd'hui rien ne m'en ferait démordre. Je ne dis pas plus tard... Et encore : non. Défiance est mère de sûreté; la tonne sent toujours le hareng et qui a bu boira : il n'y faut donc plus penser. Tant pis pour ceux qui ont consenti à ramer sur sur la galère radicale; il n'est plus possible d'en sortir et dire : « Je ne le ferai plus. » Nous ne pouvons pas avoir confiance en eux et les croire, quand ils renouvelleraient leurs promesses, si mal tenues, de 1876, et quand même ils feraient amende honorable.

— Pourtant...

— Non : ils ont trop fréquenté le radicalisme et la révolution pour n'en avoir pas gardé quelque chose; et toujours de trop, si peu que ce soit. Ce n'est que dans les romans — et dans les mauvais — qu'on voit les filles perdues se refaire une virginité. La femme adultère reste toujours adultère; et pour pécher de nouveau, il suffit qu'elle en trouve l'occasion. Ne fournissons donc pas aux 363 l'occasion de recommencer ce qu'ils ont fait depuis le 8 mars 1876 jusqu'au 25 juin 1877. On se moquerait de nous; il y aurait des pots cassés et il faudrait que nous les payions.

— Mais pour qui voter alors ?

— Du moment que vous reconnaissez, comme vous le faites, qu'il n'y a plus moyen de voter pour ceux-là, le reste va de soi... Il faut voter pour les autres, pour ceux qui ne s'allieront pas avec les socialistes, avec les démagogues tels que M. Louis

Blanc, par exemple, qui a prêché l'égalité des salaires ; ni avec M. Naquet, qui ne veut la République qee pour arriver à autre chose qu'il ne dit pas ; ni avec M. Marcou, qui prétend qne la Commune a été une erreur ; ni enfin, sans parler de ceux-là, avec M. Gambetta, l'auteur de l'effrayant programme de Belleville, l'homme qui parle aujourd'hui de la *lèpre du cléricalisme*, parce qu'il n'ose plus parler de la *lèpre du militarisme*, comme en 1869 — avec Gambetta, enfin, qui voudrait renverser le Maréchal et le remplacer par M. Thiers, non pas pour l'amour de M. Thiers, mais pour que celui-ci lui bassine et lui garde la place, en attendant qu'il puisse la prendre.

Il faut voter, vous en sentez la nécessité, pour les candidats vraiment constitutionnels, vraiment conservateurs.

Avant de finir.

Je voulais finir ici et m'en aller à mes affaires, en vous laissant aller aux vôtres ; mais voici que quelqu'un me retient pour me demander une explication.

— Des candidats constitutionnels, cela me convient ; mais des candidats conservateurs... je demande à voir. Vous savez qu'on prétend que les conservateurs, c'est les monarchistes. Et moi, je suis républicain : un républicain honnête, comme celui qui vous a interpellé tout-à-l'heure. Je voudrais conserver la République... comme lui.

— Mais moi aussi, d'abord ; et dans tout ce que je viens d'avoir l'honneur de vous dire, il n'y a pas un mot qui vous autorise à supposer le contraire. La République est inattaquable jusqu'en 1880 : ainsi le veut la Constitution, et le Maréchal a déclaré qu'il entendait respecter et faire respecter la Constitution sur ce point comme sur les autres. J'ajoute que je ne vois pas pourquoi la République ne continuerait pas d'exister après 1880, si le pays s'en trouve bien. Ce qui m'étonne, par exemple, c'est de vous entendre dire que vous voulez *conserver* la

République et que vous vous défiez des *conservateurs*. Ce n'est pas logique.

Je me l'explique cependant jusqu'à un certain point, parce que vous paraissez croire — on vous le dit si souvent, d'ailleurs — que le mot « conservateurs » ne désigne que les partisans des anciennes monarchies, ceux qui les regrettent, et qui en désirent le retour. C'est une grave erreur, et il vous sera facile de vous détromper vous-même, en prenant la peine de réfléchir un peu que ces mots « les conservateurs » ne sauraient s'appliquer uniquement, spécialement et exclusivement à l'ensemble des partisans des diverses monarchies déchues, qui ont des idées différentes, des espérances inconciliables, des prétentions qui s'excluent.

L'épithète de « *conservateur* » — je le dis aussi bien pour vous que pour tous ceux qui m'écoutent — a un sens immensément plus général et plus large. Si elle désigne communément les impérialistes, les légitimistes, et ceux que, à tort ou à raison, on nomme les orléanistes, elle comprend aussi, comme l'écrivait l'autre jour un des hommes les plus sérieusement libéraux de notre époque, « la masse énorme des électeurs que n'échauffe pas « la lecture quotidienne des journaux, qui ne fré-« quentent ni les cafés, ni les clubs, dont les bandes « innombrables, sortant de nos ateliers et de nos « villages, viendront, à un jour donné, jeter dans la « balance du suffrage universel le poids de leurs « volontés irrésistibles. »

Ceux-là, croyez-le-bien, et malgré toutes les apparences, ne sont au fond ni républicains, ni légitimistes, ni orléanistes, ni impérialistes. Comme ajoutait l'auteur que je viens de citer, « *ils ont soif avant* « *tout de bon ordre, de tranquillité et de paix*, et il « serait bien inutile de leur proposer de s'enrégi-« menter, par avance, au service de n'importe quelle « dynastie. » Le meilleur gouvernement, pour eux, sera toujours celui qui leur donnera le plus de ce bon ordre, de cette tranquillité, de cette paix, nécessaires à leur travail et à leur existence.

Voilà la masse conservatrice ; voilà le grand parti

conservateur : vous en êtes ou vous devez vous en mettre, si vous n'en êtes pas, et il vous faut des candidats conservateurs du bon ordre, de la tranquillité et de la paix.

Cessez donc de croire que les candidats conservateurs sont des hommes de parti et de renversement de ce qui est, au profit du parti auquel ils sont censés appartenir. Ce sont les hommes que leurs antécédents indiquent comme représentant le mieux les intérêts de la masse, et les plus capables de satisfaire ses impérieux besoins de bon ordre, de tranquillité et de paix.

C'est à ces intérêts que n'ont jamais paru songer les 363 ; ce sont ces besoins qu'ils n'ont pas su satisfaire, pensant à toute autre chose.

Les candidats *conservateurs* sont forcément *constitutionnels*, puisque le respect et le maintien de la Constitution sont les bases de la politique conservatrice, à laquelle le Maréchal veut les associer.

La Constitution et la République n'ont donc rien à craindre d'eux, puisqu'en *conservant* le bon ordre, la tranquillité et la paix, ils *conserveront* la République, en la rendant *conservatrice*, sans quoi elle ne serait pas *conservable*.

Je sais bien que, parmi eux, il en est un assez grand nombre qui ne sont pas ce qu'on appelle des « républicains. »

Mais c'est, avant tout, la faute des républicains, ou soi-disant tels, que nous avons vus à l'œuvre depuis le 8 mars 1876 jusqu'au 25 juin 1877, et qui n'ont pas même su comprendre et encore moins remplir un rôle pour lequel ils n'étaient pas faits.

Qu'importe, d'ailleurs, puisque la République n'est pas en question.

J'ajouterai même qu'il serait souverainement injuste d'éloigner de la représentation nationale des hommes dont le crime principal serait d'avoir servi d'autres gouvernements, et de n'avoir ni désiré, ni prévu la République, quand une bonne partie des 363 sont dans le même cas. La République, comme son nom l'indique, est la chose de tous ; et tous ont droit de prétendre à s'occuper de la chose commune.

J'irai encore plus loin : il serait absurdement impolitique, en écartant systématiquement les hommes dont nous parlons, de se priver de leurs services, de leurs talents, de leur expérience, aussi nécessaires, pour le moins, à la République qu'à tout autre gouvernement, alors surtout que les républicains, et notamment les 363, ont trop laissé voir, suivant l'expression vulgaire..... qu'ils n'étaient pas à la hauteur.

Les actionnaires des grandes Compagnies de chemins de fer sont plus intelligents, et choisissent les administrateurs de la propriété commune parmi les plus fort intéressés et les plus capables, sans s'inquiéter de leurs opinions politiques.

C'est un bon exemple à suivre, parce que, je vous le répète, il ne s'agit que d'administrer la République au mieux des intérêts généraux et particuculier, et de la *conserver*, ainsi que je vous l'ai déjà montré, en la rendant *conservatrice*, comme M. Thiers a déclaré qu'il fallait qu'elle fût, si elle devait être, et comme la Constitution et le Maréchal veulent qu'elle soit.

Pour finir.

Je crois avoir enfin répondu à toutes les objections, et il ne me reste plus qu'à vous remercier de la bienveillante attention que vous m'avez prêtée.

— Ah pardon ! vous avez oublié de vous expliquer sur un point. Vous nous avez bien dit que la République n'était pas en question.... Mais elle pourrait y être en 1880, puisqu'alors il sera permis à tout le monde de demander la révision de la Constitution. Qu'adviendrait-il, à ce moment, si la Chambre que nous allons nommer était composée, en majorité, de conservateurs non républicains, parmi lesquels se trouveraient des légitimistes, des orléanistes, des impérialistes... Voilà ce qui inquiète ceux de nous qui tiennent à la République.

— Eh bien! franchement, c'est courir après les inquiétudes, de crainte d'en manquer, et se plaindre

que la mariée est trop belle... Comment? Mais c'est
là ce qui devrait vous rassurer, et vous en prenez
peur... Raisonnons donc un peu, ou plutôt permet-
tez-moi de vous exposer, en peu de mots, la situation d'un père de famille de ma connaissance : c'est
tout à fait celle qui vous préoccupe. — Ce brave
homme a une jeune et jolie fille d'une santé délicate,
qui nécessite des ménagements, une existence très-
calme et un régime très-régulier, parce que les émo-
tions pourraient la tuer. Il a aussi un neveu quelque
peu turbulent, quelque peu écervelé et très-amou-
reux de sa cousine à laquelle il n'est peut-être pas
indifférent. D'un autre côté, notre homme a encore
trois tantes, dames d'âge respectable, de caractères,
d'habitudes et de goûts opposés, mais vivant cependant ensemble, à la suite de malheurs. Les trois
tantes, comme toutes les vieilles gens qui ont l'expérience de la vie, sont un peu grondeuses, un peu
défiantes, et ne voient pas d'un trop bon œil le cousin rmoureux, dont la pétulance et les frasques les
effraient pour l'avenir de la jeune fille qu'elles voudraient voir établie, mais autrement, et chacune
avec un prétendant de son choix. C'est assez naturel, en définitive, puisqu'elles sont de la famille
et qu'elles ont quelque bien à laisser à la demoiselle.
Vous admettez cela, n'est-ce pas ?

— Oh ! parfaitement.

— Vous admettrez aussi, alors, que si le père de
famille, appelé à faire un voyage ou trop occupé de
ses affaires, était forcé de confier la garde de sa fille
à quelqu'un, ce serait plutôt à ses tantes qui en
prendraient soin qu'au cousin qui...

— Et lui sage...

— C'est ce que je crois aussi, et je continue. En
prenant soin de la fillette, les tantes mettraient leur
amour-propre à fortifier sa santé, à lui apprendre
ce qu'elles savent d'utile; et comme je vous ai ré-
vélé que chacune d'elles avait son prétendant à lui
offrir, il ne serait pas à craindre qu'elles s'entendis-
sent pour la fiancer contre son gré... Et savez-vous
quelle pourrait bien être la fin finale de l'histoire?...
C'est que si le cousin amoureux se rangeait sérieu-

sement, s'il se conduisait en homme raisonnable, et si la cousine avait véritablement de l'inclination pour lui, les tantes rassurées finiraient par les laisser marier ensemble, du consentement du papa, et feraient quelque chose pour eux, en se réservant de veiller sur le ménage. Voilà... C'est absolument la situation actuelle. — Le père de famille, c'est vous, c'est moi, c'est tout le monde. — La demoiselle, c'est la France. — Les tantes grondeuses et défiantes sont les anciens partis monarchiques ; et le cousin amoureux, mais qui a besoin de se modérer et de se mûrir, vous avez certainement deviné que c'est... le parti républicain.

Ne lisez-vous donc pas tous les jours, dans une foule de journaux que les partis monarchiques sont impuissants à rien fonder et incapables de s'entendre ? C'est fort exact, en ce sens que s'ils sont unis sur les questions qui touchent à la défense et au maintien du bon ordre, de la tranquillité et de la paix, ils se retrouvent divisés sur les questions dynastiques, ainsi que je vous l'ai dit, par des espérances inconciliables et des prétentions qui s'excluent.

Soyez donc bien convaincus que la République n'a rien à redouter et beaucoup à gagner, à l'élection d'une Chambre où les anciens partis seraient largement représentés, fût-ce en majorité. Et ce qui vous paraîtra bizarre, mais qui est vrai : c'est que, loin d'être intéressés au renversement de la République, les partis monarchiques sont, au contraire, intéressés à son maintien ; — parce qu'elle est, suivant l'expression de M. Thiers, le gouvernement qui les divise le moins, en ne donnant la suprématie à aucun d'eux. Ce n'est, d'ailleurs, ni le nom ni la forme de la République qu'ils repoussent, mais les dangers et les excès que rappellent ce nom et cette forme. Un éminent magistrat, M. Rigaud, premier président de la cour d'appel d'Aix, s'écriait, le 14 juin dernier, dans une audience solennelle : « *Les institutions nous seront indifférentes le jour où la* « *société ne sera plus menacée.* La France a soif de « repos, de confiance et de stabilité ; dans les

« épreuves décisives qui s'annoncent, ceux-là seront
« les plus sages, qui seront les moins absolus. »

Voilà des paroles qui ne doivent pas vous déplaire
et qui justifient les miennes. Etes-vous rassurés,
maintenant?

— Oui, et nous ne demandions qu'à l'être.

— Je vous quitte, alors, en vous remerciant
de m'avoir écouté jusqu'au bout; et je vous quitte
content, parceque je vous vois bien préparés à la
lutte qui s'ouvre, et solidemet aguerris contre les
mensonges et les calomnies qu'on va employer avec
un redoublement d'activité, pour surprendre votre
bonne foi, votre honnêteté, votre patriotisme, votre
républicanisme... et vos suffrages.

*
* *

Votez donc, votez pour les candidats conserva-
teurs-constitutionnels qu'on vous présente, et ren-
voyez les 363 à leurs loisirs, à leurs affaires, à leur
clientèle.

Appréhendez que tout le monde ne fasse pas
comme vous et que les 363 retournent à Versailles.
Ce serait le recommencement du mal, l'ajournement
de tout bien, la reprise des hostilités avec une nouvelle dissolution en perspective, le tout au plus grand
préjudice de l'ordre, du travail, de l'industrie et du
commerce.

Le Maréchal a énergiquement déclaré à la nation
et à l'armée qu'il ne s'en irait pas et remplirait sa
mission jusqu'au bout.

Votez donc pour ses candidats et contre ceux de
M. Gambetta.

En votant pour les candidats de M. Gambetta,
vous voterez contre vous-mêmes, pour la faillite de
vos patrons ou la vôtre, pour la misère, parce que
vous voterez pour la continuation des luttes stériles
et des agitations dangereuses, au bout desquelles
se trouvent l'inconnu, la ruine de toutes vos espérances, la compromission de tous vos intérêts et
l'anéantissement, par la révolution ou par la guerre,
de tout ce que vous pouvez aimer.

En votant pour les candidats du Maréchal, vous

voterez pour l'ordre et la paix, pour la garantie de votre travail, pour le pain de vos familles, pour la sécurité de vos épargnes, pour la réorganisation de notre administration, de nos finances, de notre armée, pour la Constitution, pour la République, pour la France.

En votant pour les candidats du Maréchal et contre les 363, vous enverrez à Versailles une Chambre à laquelle son président pourra dire un jour, comme M. d'Audiffret-Pasquier à l'Assemblée nationale de 1871, à celle qui vous a donné la Constitution du 25 février 1875 :

« Chacun de vous, messieurs, avait apporté, dans
« cette enceinte, ses convictions, ses souvenirs, ses
« espérances ; elles ont toutes été dominées par une
« seule et unique pensée : l'amour du pays.

« Jamais autorité ne fut plus respectée que la
« vôtre ; jamais autorité ne fut mieux obéie. Admi-
« rable réponse faite à l'avance à ceux qui oseraient
« prétendre, dans l'avenir, que la France n'est pas
« mûre pour la liberté.

« Partez donc avec confiance, Messieurs ; allez
« vous soumettre à son jugement ; ne craignez pas
« qu'elle vous reproche les concessions que vous
« avez faites à sa paix et à son repos, car il est deux
« choses que vous lui remettez intactes : son dra-
« peau et ses libertés. »

. . . .

Les 363 n'ont pas voulu qu'on en pût dire autant d'eux.

Place à d'autres !.....

TABLE DES CHAPITRES

66

9 782014 044133